OHSAMA BUNKO

神さまとお金とわたし

キャメレオン竹田

三笠書房

はじめに　息を吸って吐くように！お金を喜ばしく循環させよう

この本は、

「息を吸って吐くように！」

お金の豊かな循環をつくり出していくコツをお伝えする本です。

気づいたらお金が集まっている人の秘密、「今より、もっと稼げるよ！」というサインに気づく方法、今すぐにできる金運アップのアクション……などについてご紹介していきたいと思います。

お金って、実は「エネルギーの一種」なんです。

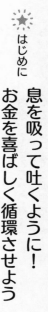

あなたが世の中やまわりの人に、「いいエネルギー」を出していれば、ことさら意識をしていなくても、必要な時に、必要なお金が、ごく自然な形で入ってきます。そう、息を吐いたら、自然に吸えるように、です。

あなたが「すぐにできてしまうこと」。
あなたが「得意なこと」。
あなたが「好きでたまらないこと」。

このような、あなたの「いいエネルギー」は、喜ばしい気持ちで、たくさんの人に回してあげること。

すると、

「油断すると、お金って増えちゃうな～」
「お金を稼ぐのって、とっても簡単だった！」

「自分の好きなことで生きていけて幸せ！」

といった「いいこと」が現実化していきます。

誰もが、自分の出せるものを出し、与えられるものを与えていくことで、自然な形でお金を循環させていくことができます。

そして、**いい意味で「想像以上」のエネルギー**をまわりの人たちに与えることができたら、あなたを中心として、人もお金も、さらにうまく回るようになっていきます。

「素敵な渦《うず》」をつくることができるんですね。

なんだか、楽しくなってきたでしょ？

キャメレオン竹田

もくじ

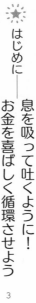

2章 「お金持ちになる未来」の創り方

……「もっとお金が入ってきてもいい！」と許可を出そう

3章

「使い方のピント」は合っている？

……〝ワクワク楽しめること〟に集中投下！

4章 お金の「ダダ漏れ」をストップ!

……「大事に扱う」から、いつもそばにいてくれるのです!

5章

「想像以上」を提供できる人になる！

……「ミラクルなお金の流れ」をつくるコツ

6章 あなたが「金運神社」になる方法

……もれなく「お金の神さま」と一体になる！

本文イラストレーション◎キャメレオン竹田

1章

不思議なくらいお金が巡ってくる10の秘密

……いつでも「気分よく」お金とつきあうには？

突然ですが、最初にお伝えしておきたいことがあります。

それは、お金には、「ルール」があるということ。

そのルールを、この本では十項目にまとめました。

「お金とのつきあい方がわからなくなってきた……」と、頭の中がこんがらがってきた時には、いつでも、この1章に戻ってきてください。

そうすれば、こんがらがっていた紐《ひも》がスルリとほどけていくように、頭の中もスッキリしていくでしょう！

では、ご紹介していきます。

1 お金はいつでも、そこら中にある！

お金とは、あなたのところに「入ってきては、出ていく」、いわば空気のようなものです。

体が健康であれば、普段、呼吸について意識することはないと思います。

しかし、風邪《かぜ》をこじらせて肺炎になったりすると、酸素をうまく取り込めず、呼吸するのが苦しくなってしまいます。

でも、体が回復して元気になると、空気はまた、何の問題もなく私たちの体を循環してくれるようになります。

「お金の循環」も、空気と全く同じ。「お金との関係が健康な人」は、ことさら意識していなくても、**必要な時に、必要なだけお金が流れてくる循環**をつくることができるのです。

だって、空気と同じで、**お金はいつでも、そこら中にある**んですからね！

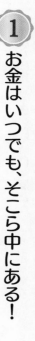

2 「快く払う」と「気持ちよく入ってくる」

呼吸を思い出してください。

息を吐いたら、その後、自然に空気を吸いますよね。

吐くのを我慢していたら、吸うこともできませんから、空気を体に取り込めず、苦しくなります。ちなみに、喘息《ぜんそく》の発作を起こすと、息を吐けなくなります。そして、吐けないから、吸えなくて、とても苦しいのです。

お金とのおつきあいを考える時も、この「自然に出して、入ってくる」感じが大切です。

つまり**「気持ちよく入ってきてほしい」ならば、「気持ちよく先に出す」**ことがポイントになるのです。

あなたは税金を納める時に「嫌だなあ」と思ったり、なんとなくご祝儀を出し渋ったりしていませんか？　でも、**快くご祝儀を出したほうが、後で思わぬ方向からお金が入ってくる**ものです。

これホントです。

また、これは、お金だけでなく、すべてのことに通じます。

人間も別れ際や、会社の辞め際などに、やたらと束縛されたら、その人や会社に、しばらく近寄りたくなくなるものです。

気持ちよく幸せに出す。幸せに出せば、幸せに入ってくる。

ただそれだけなんですね。

ちなみに、お金をいただく時には、遠慮はいりません。

ただ、「受け取って流す」という役割が回ってきただけです。

トランプでカードを受け取ったり、カードを出したりするところを想像しましょう。

3 「安心の波動」を出す人にお金は集まってくる

すべてのものには心があります。

人にも、モノにも、そしてお金にもです。

人間関係では、執着《しゅうちゃく》や依存をしたとたん、うまくいかなくなるものです。恋人を束縛しすぎたり、子供のことを心配しすぎたり、他人をコントロールしようとしたりするのは健康的でないですし、その人との間に距離ができていくでしょう。

つまり、人も、モノも、お金も……

執着すると、離れ、

感謝すると、戻る。

というシンプルな法則があります。

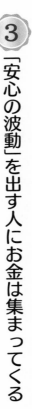

人というのは、自分のことをいちいち心配したり疑ったりして「あ～だこ～だ」と介入してくる人より、自分のことを信じて認めてくれる人を信頼するもの。お互いの「聖域」を尊重し合える人には、心を開く生き物です。

前者は、たとえ身内であっても、ウザいですよね！

後者は、こちらから会いたくなるものです。

お金との関係も、これと同じなのです。

「あ～だこ～だ」と心配しすぎず、気にしすぎず、**安心の波動**を出していれば、お金も自《おの》ずとあなたのところにやってくるのです。

あなたは、不安や心配で「お金の流れ」を堰《せ》き止めていませんか？

そうであれば、今すぐ、不安の扉を開門してくださ～～～い！　きっと、そこから喜ばしい「お金の流れ」が生まれますよ！

ちなみに、これはすべてに言えることですが、「自分のもの」と思ったとたんに、苦しみが生じやすくなります。この所有欲から解放されると、人からも、モノからも、お金からも、本当に自由になることができます。

④ お金は「仲間がたくさんいるところ」が好き

素敵なお部屋で暮らしていたり、居心地のいいホテルに宿泊したりするとうれしくなるように、**お金も、「居心地のいいところ」にとどまるのが好き**なんです。

最近は電子マネーが普及してきて、キャッシュをなかなか持ち歩かない時代になってきました。

それでも、**「お金が泊まるホテル」として、お財布の中は、いつも整理された、きれいな状態**にしておきましょう。

すごく昔に通っていたクリニックの診察券とか、ほとんど足を運ばないお店のポイントカードとか、「使うことがないもの」をお財布に入れて持ち歩いていませんか？

そういったものは処分して、お財布をスッキリした状態に保ってください。

また、私たちは、「ガラガラなお店」よりも、「流行《はや》っているお店」のほうに行ってみたくなりますよね。

お金も一緒です。だから、「お金との交流が盛んな人」（お金がたくさん流れ込んでいる人）のところには、その噂《うわさ》を聞きつけて、お金がたくさん集まってきます。

お金も「仲間がたくさんいるところ」が好き。

だから、お金持ちのところには、お金がよく遊びにやってくるんですね。

「あの人のところに行けば、なんか楽しそう！」ってね。そして、ますます豊かさが巡ってくるのです。

楽しい場所だからお金が集まってきてしまう――お金を循環させるのがうまい人は、「お金のディズニーランドを運営している」といったところでしょうか。

5 「自己イメージ」を上げたら報酬もUP！

「イメージする」ことの力は、あなたが考えているより、ずっとパワフルです。

「自分のことをどうイメージしているか」は、まるで鏡に映すかのように、人間関係においても、お金との関係においても、自分のまわりに繰り広げられていきます。

たとえば、「自分は無価値だ！」と思い込んでいれば、無価値感を味わう出来事――まわりからないがしろにされたり、安月給でこき使われたり、不当にギャラを値切られたり――といったことが、自分の世界に、どんどん現われてきます。

逆に、「私には価値がある」と思い込んでいれば、それにふさわしい現実――まわりからも大切にされ、十分な報酬を手にし、願ってもない好条件の依頼が舞い込んできたり――が起こります。

これと同じように、お金に対してどんなイメージを持つか、どんな思い込みを持つかによって、あなたの「お金の現実」は構築されていくのです。

「お金を稼ぐのは大変だ！」と思っていたら、そうなります。

「お金は油断すると増えていくものだ！」と思っていたら、そうなります。

あなたがお金に対してどんなイメージを持っているのかが、今のあなたのお金の流れをつくっているのです。

ここで、あなたのお金に対するイメージを書き出してみましょう。

＊＊＊＊

✴

客観的に見て、どうでしょうか？

いいイメージでしょうか？

そうではありませんか？

もし、「微妙かな……」というものでしたら、この本が読み終わるまでには、素敵にアップデートさせていただきますので、どうぞ、最後までおつきあいください。

6 「宇宙のパワー」につながれば自然と豊かに！

「神さまがOKをくれた証拠」の一つとして、**お金がたくさん流れてくる**という現象があります。

ちなみに、ここでいう神さまとは、**「本当のあなた」**のこと（潜在意識とか、ハイヤーセルフ、宇宙のパワーなど、いろいろに表現されています）。

つまり、私がここで言いたいのは、**自分にぴったりな仕事に出会うと、自然と豊かになる**ということです。

さらに、心も体もいい感じになるので、健康になります。

「好きなこと」をしていると、何しろ楽しいですし、まわりの人たちも幸せにできますから、「全員幸せ！」。

まさに、**神事**《しんじ》をしていることになるんですね。

「好きなこと」って、誰に言われたわけでもないのに、自然に好きになっています。

ということは、それがあなたの「役割」であり「使命」なんです。

それをすることは、自然の法則、宇宙の法則に則《のっと》っているということ。

逆に言うと、「めんどくさいな」と思う仕事は、誰か他の人にとっての天職なのかもしれません。

自分にとっての天職をしている時は、とにかく「楽しい！」ですし、まわりも喜んでくれます。

また、やればやるほど、自分なりに工夫するのが楽しくなってきて、いつの間にか、いろいろなことをマスターしてしまいます。

商売でいうと、売り手が好きなことをして、買い手がそれを手に入れて幸せになるという素敵なマッチングが生まれます。

あなたが好きなことで、自分もまわりも喜び、さらに、ちょっと試しただけで、もっとやりたくなることは、なんでしょうか。人それぞれ違うものなので、あなたの「好きなこと」を書き出してみてください。

＊＊＊＊＊

7 ポイントは「富の流れ」から、どう汲み出すか

この世にたくさんの人がいるのと同じく、お金もこの世にたくさんあります。

もし、「お金を使ったら、なくなる！」と思っているとしたら、それは勘違いなんです。正確に言うとお金は「移動した」だけで、なくなっていません。

キャッシュレス決済が広まっているように、現代では、目には見えない「数値だけの形」でお金がぐるぐると巡っています。

そして、あなたのまわりには、いつも空気のようにお金が存在しており、表現を変えれば、**海流のように巨万の富が流れている**のです。

お金持ちか、そうじゃないかの違いって、**「その流れと、どういう関係性をつくっているか」**、の違いだけなんです。

お金の流れが海流だとしたら、自ら汲《く》みに行ってもいいし、汲むためのアイディアを人に提供して、汲んだ分を少し分けてもらってもいい。

汲む仕組みをつくった人のところで働いて、分けてもらってもいいわけです。シンプルですね。

お金の流れからお金を汲み出す方法をたくさん持っている人もいれば、一つに絞っている人もいるでしょう。ここで、自分が今、どのように巨万の富の流れからお金を汲み出しているのかを書き出してみてください。

✷ ✷ ✷ ✷ ✷

これから汲み出す方法を増やしたり、みんながまだやっていない新しい汲み方を編み出したり、汲みやすい仕組みをつくったりしても面白いですね。

8 自分の「懐具合」を温かくしたいなら……

人間関係においては「類友《るいとも》の法則」（類は友を呼ぶ）が鉄板《てっぱん》です。

その人の懐《ふところ》具合も、その人のまわりの人を見れば自ずとわかるものです。

特に「いつも一緒にいる人たち」を観察すれば、一目瞭然《りょうぜん》でしょう。

「自分がよく連絡を取る人、よくつるむ人の大体の年収を足して、人数分で割れば、自分の年収が割り出せる」という話は有名ですよね！

ということは、**お金持ちの仲良しが一人でもできれば、自分のお金持ち度も上がる**、ということです。

お金と「いい関係」を築いている人と仲良くなると、その人の考え方や習慣、お金の扱い方を、知らず知らずのうちに身につけることができますからね。

今ここで、あなたの仲のいい人を書き出してみましょう。

そして、その下に想像でいいので、こっそり年収を記入していき、すべて足したら人数で割ってみてください。(秘)

✴ ✴ ✴ ✴ ✴

ちなみに、自分の懐具合によって、友人関係は不思議と変化します。
金銭感覚によって、話題や興味の内容が違ってくるからですね。

9 お金は自分の「本性」をあらわにする

お金との関係をよくする、つまり、**金運をよくするには、お金に対する偏った見方をなくす**必要があります。

これは、とっても大事なことなんです。

最初から、偏見を持って人に接していれば、良好な関係を結べませんよね。

お金との関係についても同じなんです。

お金との関係がよくない人ほど、お金、そしてお金持ちの人に対して、あるいは、その逆にお金があまりない人に対しても、偏見を持つ傾向があります。

「お金」と「人格」や、その人の「存在価値」はセットになっていると錯覚しているんですね。

お金そのものは、ただ「その人に流れてきた数値」でしかありません。

「人格」や「存在価値」などと切り離す必要があります。

お金持ちの中には、悪人もいますし、善人もたくさんいます。

お金がない人の中にも、悪人もいますし、善人もたくさんいます。

ただ、**お金はエネルギーでもありますから、持っている人のパワーを増大**させることはあります。**本性が出やすくなる**とでも、いいましょうか。

いい人は、さらにいい人になったり、いいことにお金を使ったりするでしょう。悪い人は、さらに悪い人になったり、悪いことにお金を使ったりするのです。

使えるエネルギーをどんなアイテムに使うのかは、その人の「本性」によって違ってくる、というわけです。

もう一つ、お金に対する偏った見方をなくすためのポイントとしましては、**「お金持ちは、なぜお金持ちになったのか」そのプロセスを理解する**、ということがあります（これについては、後述したいと思います（2章の「お金持ちになる許可」を出せばいい）。

10 〝自家発電できる人〟ほど急速リッチに！

「自分のことを、どれだけ価値があると思っているか」に比例して、あなたのまわりには人やお金が集まってきます。

誰かや外部からの評価ではなく、**「自分には価値がある！」と、自分で設定しておくことが大事**なんです。

誰かの評価を基準に自分の価値を決めていると、それが得られなくなったら、「もう自分には、価値がない……」という妄想に駆《か》られます。

いついかなる時も、あなたはものすごい価値がある人間です。

これが基本です。

誰がなんと言おうと、この部分をゆるがせにしないでください。

ここで、一つ、キャファメーション（アファメーション）をご紹介しましょう。

「わたしは、誰がなんと言おうと、
ものすごい価値がある人間です」

思い出した時に、何度も言うといいですよ！

あなたのシステムをつくっているのは、あなたの神である、あなたですからね。

ちなみに、エネルギーの話は、『神さまからの急速充電』（三笠書房《王様文庫》）に詳しく書きましたが、外ばかり見て、自分を誰かと比較していると、あなたのエネルギーは外に漏れ、エネルギーは減っていきます。

反対に、**自分に集中して、好きなことをしていると、あなたのエネルギーはあなたに向かい、自家発電できる**のです。

さらに、楽しくて素敵なエネルギーは、どんどん光となって、太陽のように輝き、人やまわりを心地よくさせてしまうんですね。

そうすると、まわりが放っておかなくなり、エネルギー、つまり、人やお金の豊かな循環が始まるんです。

コラム

「あなたとお金の関係」は、どんな感じ？

さて、ここでは、**「あなたとお金との関係」**が健康かどうかの問診をさせていただきます。あなたは、どのくらい「はい」と答えるでしょうか？

パーフェクトなら、あなたは、お金と素晴らしい関係を築いています。

◆「お金との関係」健全度問診票

□お金について、心配や不安になることはあまりない

□「お金を稼ぐことはいいことだ！　お金が大好きだ！」と宣言するのは恥ずかしくないし、むしろ楽しい

□お金を使うのも楽しいが、お金を生み出すほうがもっと楽しい

□お金を支払う時に、心地よさを感じる
□お金を受け取る時に、心地よさを感じる
□今は、分割払いやリボ払いはしていないし、消費者金融で借金もしていない
□ご祝儀関係は、とても気持ちよく出せるし、ケチらない
□税金は普通に納める
□人のお金の使い方や買ったものに対して、いちいち介入しない
□家の中または、お財布の中がスッキリしている
□高額な商品や、それを売っている人に対して、なんとも思わない
□簡単に楽しそうに、要領よく稼いでいる人を見ると素晴らしいと思うし、いいところを見つけて、見習おうと思う
□幸せなお金持ちとは、世の中にお金を回して社会貢献し、まわりに幸せを提供している人だと思う
□お金持ちが自分で稼いだお金を好き放題に使っているのを見ても、なんとも思わない

□欲しいものや食べたいもの、行きたいお店などを選ぶ時、値段に左右されず、単純に行きたいところを選ぶ

□神社仏閣でお賽銭《さいせん》を納める時に、置くように丁寧《ていねい》に入れる

こうやって見ていくとわかると思いますが、お金との関係が良好な人は、お金を自分よりも上に置いたり、下に置いたりせず、対等で発展的な「素晴らしい関係」を築いていています。

一方、お金との関係がよくない人は、自分の価値をお金よりも下に置いてしまったり、お金によって自分の人生が左右されてしまうと思い込んでいたりします。お金に感情が揺り動かされてしまうんですね。

そこで、次頁の問診票もチェックしてみてください。こちらがパーフェクトだったら、「お金との関係」を修復することが必要となってきます。

あなたは、どのくらい「はい」と答えるでしょうか？　では、スタート！

✦「お金との関係」修復必要度問診表

□いつもお金についての心配や不安がついてまわる

□「お金を稼ぐことはいいことだ！　お金が大好きだ！」と宣言するのは恥ずかしいことだし、本心では好きなのに嫌いなふりをしてしまう

□お金を使うのは楽しいが、お金を生み出すのは楽しくない

□お金を支払う時に、罪悪感を覚える

□お金を受け取る時に、ペコペコしたり、つい遠慮したり、罪悪感を覚えたりする

□今、分割払いやリボ払いの常連になっている、もしくは消費者金融で借金をしている

□ご祝儀関係は、気持ちよく出せない

□ぶっちゃけ税金なんて納めたくない

□人のお金の使い方や買ったものに対して、愚痴《ぐち》や文句を口走ってしまうことがある
□家の中または、お財布の中がごちゃごちゃしている
□高額な商品や、それを売っている人に対して、買う気がないのに文句を言ってしまう
□簡単に楽しそうに、要領よく稼いでいる人を見るとずるいと思うし、ムカつくし、愚痴りたくなる。「ていうか、あんた、私利私欲の塊《かたまり》じゃね!?」と言いたくなる
□お金を稼ぐ人は、悪いことをしている人で、自分のことだけしか考えていない人に違いないと思う
□お金持ちが自分で稼いだお金を好き放題に使っているのを見ると、嫌な気持ちになる
□欲しいものや食べたいもの、行きたいお店などを選ぶ時、値段が安いかどうかを最優先する

□神社仏閣でお賽銭を納める時に、投げて入れる

さあ、あなたとお金との関係、いかがでしたでしょうか？

知らず知らずのうちに、お金を「自分よりも上の立場」に置いていませんでしたか？

お金という「道具」、そして、「数値」は、あなたのご主人さまではありません。というか、この現代では、**人間関係においても、はたまた、神さまとの関係においても、主従関係は時代遅れ**です。

お金との関係が、もしも、良好な感じであれば、さらに良好な関係を築きましょう。もしも、良好な感じでなければ、この本で紹介していることを参考に、お金との関係をアップデートしていきましょう！

2章

「お金持ちになる未来」の創り方

……「もっとお金が入ってきてもいい！」と許可を出そう

1 いつでも「こうだと、いいな」に意識を集中！

あなたは、日頃、どんな**言葉**を口にし、どんな**波動**を出しているでしょうか。

わかりやすく言い換えると、「どんな気持ち」で生きていますか？

また、あなたは、日頃、どんなところに**意識の焦点**を向けているでしょうか。

『神さまとの直通電話』（三笠書房《王様文庫》）をはじめ、これまでの著書でも紹介してきたとおり、いつも
「やったー！ うれしい！」
といった言葉を口にし、

「楽しいな～。わ～い、わ～い」

という波動を出して、

「自分は幸せだなあ」

と思えることに意識を集中していると、「うれしくて、楽しくて、幸せなこと」が、ますます人生にあふれてきます。これ、ホント。


つまり、**言葉、波動、意識の焦点の三つが、あなたの未来を創っていく**ということです。

そして、**お金持ちになる未来を創りたいのなら、この「三点セット」をうまく活用**すればいいんです！


もしかして、あなたはこれまで不平不満を言葉にして表わし、不安・心配の波動を出し、残りわずかになった通帳残高に意識を向けていませんでしたか!?

これ、今すぐにやめましょう！

「お金持ちになりたい！」と思っているのであれば、今日からは、

①**「私は、経済的に成功すると決まっている！」と、いい言葉**を口にし、
②**「私は、いちいち豊かだから安心！」と、心地いい波動**を出し、
③**「簡単！　余裕！　うまくいく！」と、望ましい未来に意識を向ける**こと！

これだけで、あなたの世界は、ものすごく変わっていきます。


えっ……「できない」って……？

そんなあなたのために、「波動の切り替え方法」も用意しました。

後ほど、ご説明いたしますね。

今まで、ずっと習慣になっていることは、一つひとつ意識して変えていかないと、変わりませんからね。

2 あなたの「収入」が決まっていく仕組み

あなたの収入が決まっていく「仕組み」を知っていますか？

不思議なもので、自分の心の奥のほうにある存在――潜在意識、ハイヤーセルフ、神である自分など、呼び名はなんでもいいのですが、そうした**ハイヤーな存在が許可した金額が自分のところにやってくる**という法則があります。

なぜなら、**「私たちは、私たちの世界の創造主」**だからです。

逆に言うと、今入ってきている金額は、あなたが許可している金額です。

つまり、もっとたくさんのお金が入ってくるようにするには、

「私はもっとたくさんのお金を手にしてもいい‼」
と自分に許可を出すことがポイントとなります。

「私は、せいぜいこれくらいかな……」と、今入ってきているお金以上の額を自分に許可していないと、どこかで増えても、どこかが減って、プラス・マイナス・ゼロとなります。

つまり、入ってくる合計金額にあまり変化が見られないんです（逆に言うと、どこかが減っても、どこかが増えるのです）。

あなたの収入にストッパーをかけていたのは、まさかの自分だったんです。

手にするお金を増やしたいなら、

「私は、もっとたくさんのお金を手にしてもいい‼」

と許可を出し、**「それ相応の行動」を先に取る**こと。

すると、「神さまである自分」に、

「私は、もっとお金を手にしてもいい！　手にできる!!」

という指令がスコーン！　と入りやすいんですね。

そして、「お金がたくさん入ってくる」という現実が、後からちゃーんと、ついてくるんです。

たとえば、

「月収（年収）○○○万円くらい、欲しい！」

と思っているだけではなく、

「月収（年収）○○○○万円くらいもらえることを許可します！」

と宣言してしまうんです。

これは、時間がある時に、何度も何度も言ってください。

そうすると……

「あれ!?　それくらいイケる気がしてきた！」という感覚が出てくるようになり

ます。

その感覚こそが、神さまに許可申請が受理された証拠なので、現実が変わり出すんです。

許可申請を受理したあなたの神さまは、いろいろな方法、アイディア、情報、人とのつながりなどを検索して、あなたの目の前に、そうしたアイディアや情報、人との〝接点〟をつくり始めます。

だから、月収や年収が上がっていく時は、新しい情報がやってきたり、人間関係の入れ替わりが行なわれたりすることが多いんです。

3 「枠」を広げると、その分〝いいこと〟が入ってくる

宇宙には、「枠」が広くなったら、その広がった分のスペースを「新たなもの」で埋めるという働きがあります。

人間的な「器」が大きくなると、頼ってくる人が増えたり、新しい仕事のチャレンジがあったりするように、です。

ですので、この手を使わないわけにはいきません！

というわけで……

すでにその収入を許可している（手にしている）場合の部屋に引っ越したり、

すでにその収入を許可している（手にしている）場合のファッションにしたり、すでにその収入を許可している（手にしている）場合のような生活をしたりするのです。

「枠」を広げていくと、私たちは自動的に順応していってしまうものですからね。ほんの少しの冒険でも構わないので、**「ワンランクアップ」を先に体感**してみましょう。

「あっ、私はこんな感じなんだ！」

と、先にインストールしてしまうのです。

たとえば、

「いつか、○○が欲しい！」

「○○に行きたい！」

と思っているとしたら、今すぐそれを買い、今すぐチケットやホテルを予約してください。

「いつか」って、いつまで経《た》っても「いつか」なんです。

「いつか」やろうと思っていることを、「今ここ」で完了させてしまうことがポイントです。

いわば**「欠乏感」を「満足感」に変える**のです。

ちなみに、あなたがよく行くカフェやレストラン、ホテルなどの客層もチェックしてみましょう。

あなたがリピーターになっているところは、すべてとは言いませんが、あなたと金銭感覚が似ている人が集まっていることが多いものです。

もし、

「本当は、もっとリッチな感じがいい！」

と思うのであれば、行きつけのカフェを「もっとリッチな感じのところ」に変えてみましょう。

すると、自分の気分、つまり波動が切り替わっていくのが実感できるはず！

人は順応していきますので、

「お金持ちのあの人なら、こういうところに行くだろうな」

「バシバシ稼いでいるあの人なら、こういうところで仕事するだろうな」

「憧れのあの人の感性なら、こういう環境・場所を好むだろうな」

など、あなたの「理想のあり方」をひと足先に実現している人を思い浮かべて、その人のライフスタイルをインストールしてみる。

すると、「ワンランクアップ」は、自然な形で叶《かな》っていきます。

4 「お金って、油断すると増えちゃうな〜」と設定しておく

人生は、「あなたが設定したとおり」に進んでいきます。

つまり、「あなた自身が自分の人生のシステムを構築」しているわけです。

と、いうことはですよ！

「わたしは、こんな人生を送る！」と、**自分が望む人生のあり方を、先に設定してしまえばいい**のです。

これをわたしは**「設定の法則」**と呼んでいます。


わたしたちは、「自分自身の神さま」なんですから、

「なんで、こんなヒドいことが起こるの～!?」

といった感じに、出来事を受け身で体験している場合ではないんです！

そして、わたしは、この「設定の法則」を日々、存分に活用することを、いつも強くオススメしています。

たとえば、あなたは今まで、お金に対して、どんな設定をしてきたでしょうか？

育ってきた環境によって設定の仕方は影響を受けるでしょう。

もちろん、社会人になってから、自ら設定をアップデートしてきた人もいると思います。

ちなみに、私の祖母は、顔を合わせる度《たび》に、「好きなものでも買いなさい」と、一万円をくれる人だったので、

「なぜかわからないけれど、お金が得られる！」

という設定が幼い頃から入りました。（笑）

反対に、育ってきた環境や学校での教育などによって、「わたしには価値がない。こんな価値のない自分が、お金をたくさん得られるわけがない」という設定が、神さまである自分に入っていることがあります。

そんな場合は、これらの設定を、今すぐアンインストールする必要があります。

そのために、自分自身について、あるいはお金に対して「マイナスのイメージ」を持っていないか、ここで書き出してみてください。

（例）お金を稼ぐことは難しい。

なんと！　これらの「マイナスのイメージ」が、あなたの現実を設定していたのです！

こうした設定を、真逆のイメージのある言葉に書き換えて（例：お金を稼ぐのって、簡単！）、暇な時に唱えることをオススメします。

また、わたしのほうでも、新しい設定を入れさせていただきますね。

全部、唱えていただいてもいいですし、一つだけでも大丈夫です。

リピート・アフター・ミー！

✴

✴お金を稼ぐことは、すごく簡単で楽しい！

✴お金って、油断すると増えちゃうよな〜

✷すごい金運は、いつも私と共にあります！

最初は、心の底から言えなくてもＯＫ！

楽しんで唱えましょう。

コツとしては、ストレッチをしながら唱えること。

潜在意識（＝あなたの神的な意識）は、実は、筋肉にも宿っています。だから、筋肉に新しい設定を覚えさせると、現実化が加速するんです。

もちろん、「新しい設定」は、自分でつくっていただいてもＯＫ！

なぜなら、**あなたがあなたの神**ですからね！　↑何度でも言いますからね！

ちなみに、**月収や年収は自分で設定していい**んですよ。

そして、好きな金額に決めたら、ここで声を出して言ってみてください。

せ〜のっ！

「私は月収（年収）〇〇〇〇万円です」

違和感がなくなるまで、「当たり前かも！」と思うようになるまで、暇さえあれば、言いましょう。

これ、宿題ですよ。

さて、アンインストールには、もう一つの方法があるのでご紹介しましょう。

5 口座残高を見て、ため息をつきたくなったら……

これまでの本でも何度もお伝えしていますが、**人も、お金も、楽しそうなところ、波動が軽いところ（軽やかで楽しそうな雰囲気のところ）に集まってくるもの**なのです。

そこで注意していただきたいのが、

「お金を振り込んだり、おろしたりする時に、口座残高を見て、ため息をついていませんか？」

ということ。

もし、そうだとしたら、その瞬間、重い波動（重たくて、どんよりした雰囲気）が出てしまっています。

そして、重い波動は、人もお金も遠ざけてしまうんですね。

でも、ここだけの話、そんなふうに**重い波動が出てきたら、逆にチャンス**なんです。なぜなら、今まであなたの中にあった、重苦しい波動に気がつくことができたから！

そして、その波動をパッと手放せば、波動も気分も軽くなるんです。

一回で波動を調整することができなくても、何度もやっているうちに、あなたの中のお金に対するマイナス思考から生まれた波動が、軽やかで明るいものに変わっていきます。

やり方は簡単です。お金のことに関して、ため息が出てしまった時は、すかさず、

口角を上げて、歌手の森進一さんの顔のモノマネ

をしてください。

「おふくろさん」を歌っているイメージです。

コツとしましては、森進一さんのモノマネをしている、お笑いコンビ、ココリコの遠藤章造さんを検索してみてください。とても素晴らしいお手本になります。

さらに、この時、**「本気でやること」**がポイントです。ただし、ちょっと恥ずかしいので、誰もいない時にすることをオススメします。

Ｔｗｉｔｔｅｒで、**「波動を変えられる」**と、この方法をつぶやいたところ、なんとすぐにハートマークが千くらい、つきました。

一度に大勢の方が、森進一さんのモノマネをしているって、想像しただけでも楽しいですよね。

そして、モノマネの途中で爆笑してしまった人が多く、

「波動って、こんなに簡単に変わるんですね！」

と、つぶやかれている方がたくさんいました。

お金以外のことでも、ため息が出たら、このワークをやってみてください。

だんだん上手になってきますよ。

モノマネが。（笑）

これは、単なる現実逃避ではないんです。

「真剣にふざける」と、将来のことを心配したり不安に思ったりする状態から抜け出して、「今ここ」に戻ってくることができるのです。「今ここ」は、とっても平和なんですね。

そして、**「今ここ」を生きている時の波動は、とっても軽い**んです。

波動が変われば、素敵な現実が創造されていきますし、自分の重たい波動に気がつくだけでも、すごい進化です。

6 「お金持ちになる許可」を出せばいい

お金持ちに対して悪口を言う人がいます。
もし、あなたがリッチな人に対して妬《ねた》ましい気分を抱いてしまったら、**お金持ちがどうして豊かになったのか、その「プロセス」を想像してみてください。**

もちろん「生まれた時からお金持ち」という恵まれた環境で育った人もいるでしょう。でも、チャレンジや経験を積み重ね、たくさんのエネルギーを自分の「好きなこと」「やりたいこと」に投入してきた結果として、お金持ちになった人はたくさんいます。

起業家で成功している人であれば、「資金集め」や「人脈づくり」に奔走《ほんそう》してきたでしょう。新しいビジネスをリリースしては失敗し、時に〝一文無し〟になったりもしたかもしれません。

でも、失敗から学び、成長していったのです。

また、あなたより人気者の「あの人」が、たくさんの人に慕《した》われているのは、そこに至るまでに人知れず工夫を重ね、たくさんの行動を起こしてきたからです。派手に遊んでいそうに見えるミュージシャンやお笑い芸人も、衣装やメイクなどで自分の「見せ方」を研究したり、舞台の演出を事細かに考えたりしています。そして、大勢の人の力を借りたりして、「その人ならではのブランド」を構築しています。

つまり、成功してお金持ちになった人は、成功するためにたくさんのエネルギーを投入してきたわけですね。

その人が扱っている商品やサービス、その人ならではのブランドには、**「目には見えないストーリー」**が山ほど入っているんです。

しかも、あなたより人気がある人、稼いでいる人は、あなたより多くの人を幸せにしています。税金もたくさん納めてくれていますしね。

ただ、これだけです。

たくさんの人が、成功している人の商品やサービス、作品に喜んでお金を払うのは、そうすることで「幸せになれる」から。

そこの部分を想像せずに、成功している人、お金持ちや人気者になっている人の悪口を言ったり、嫉妬《しっと》したりする人は、

「お金持ちになること、人気者になることを自分に対して許可していない」のです。

ですから、今後、誰かを妬ましく思って「自分に許可していない部分」が見つかったら、すかさず解除!!　です。

解除の方法は簡単。

「そんなあなたを許可します！」

と心の中で唱えてください。

これでＯＫです。

こうしていくと、自分に対しても、その人のようになること、あるいは、それ以上の存在になることの許可が下りるでしょう。

7 「楽しく集中していたら、お金が入ってきた！」

「お金との関係がうまくいっている人」と「うまくいっていない人」とでは、お金と出会うまでの「ストーリー」が全く違っています。

「お金との関係がうまくいっている人」は、純粋に「目の前のプロジェクト」や**「自分のやるべきこと」に楽しく集中！**しているのが特徴です。

「目の前のやるべきこと」にワクワクして集中して取り組んでいると、自分の中からキラッとした、軽やかないいエネルギーが出てきます。

すると、ますます気持ちが満たされて、波動も軽くなります。

そして、その出した工ネルギーや、軽やかな波動にふさわしい、うれしくて、楽しくて、幸せなこと、つまり「豊かなお金の流れ」がつくり出されるのです。

一方、「お金との関係がうまくいっていない人」は、たいていの場合、**「お金を手にすること」がゴール**になっています。

そして、

「あ～、つまんない仕事」

「嫌な仕事だな～、早く終わらないかな～」

などと思いつつ、重い波動を出しながら、そしてストレスをため込みながら、「苦しいお金の流れ」をつくっていきます。

このような形で「お金の流れ」をつくっていると、「心身をすり減らしながら事を行なう」ことになるので、エネルギー不足になりがちです。

そして、その減った分のエネルギーを埋め合わせる（ストレス発散する）ために、せっかく手にしたエネルギー（お金）をパッと浪費してしまうのです。

お金のために働き、心身のストレスや虚《むな》しさを埋め合わせるために浪費することで、知らず知らずのうちにお金に操《あやつ》られ、「お金の奴隷《どれい》」のようになるわけです。

そして「あんなに頑張ったのに、たったこれだけかよ!?」と、手にした額について不平不満を言う……。

でも、前述したとおり、口にした言葉は「現実化」します。

だから、自分の手にする額について不満たらたらの人ほど、「あんなに頑張ったのに、これだけかよ!?　な現実」から抜け出せず、また同じことを言うハメになるんです。

お金をゴールにすることはやめましょう。

そうではなく、

「楽しく目の前のことに集中していたら、知らない間にお金がたっぷり入ってき

ていた！」

という流れをつくるのです。

この流れに切り替わると、いつでも心が満たされるようになるから、変な無駄遣いをすることもなくなります。

8 「ザクザクを生み出す人」の法則

もちろん、お金がたくさん入ってきたり、預金通帳に印字される数字が増えたりするのを見るのは、ワクワクするし、楽しいですよね。「これからも、もっとお金を稼ごう!!」というモチベーションにつながります。

でも、預金通帳に印字された数字を見る時に覚えるワクワク感は、**プロジェクト自体を楽しんでいる時のワクワク感**には勝てません。

だって、目の前のプロジェクトそのものを楽しんでいる時、その人たちは、**「とにかく、気がつくとやってしまっていること」**

「たとえお金がもらえなくてもやりたいこと」

「むしろ自分がお金を払ってでもやりたいこと」

に取り組んでいるからです！

そんな彼らにお金をたくさん渡して、

「仕事をいっさいしないで、しばらく自由に、ゆ～っくりと過ごしてください！」

とでも言って送り出したら、かなり早い段階で仕事の〝禁断症状〟が現われるでしょう。


というか……。

そういう人たちは、どこにいても、仕事のアイディアが浮かんできてしまってメモをし始めるでしょうし、本やSNS、YouTubeで情報を収集したり、発信したりして、いつの間にか仕事をしてしまうはず。

お休み中でさえ、仕事の楽しいアイディアが次々と浮かんでくるかどうか。

これが**「ザクザクを生み出しちゃう人」**(お金をたくさん呼び込める人)になれるかどうかのバロメーターなのです。

「ザクザクを生み出している人」の特徴は、以下のような感じです。

どこにいても、友人と話をしている時の流れで出てきたアイディアなどはすぐにメモりますし、お茶をしてまったりしている時でも、ふと思い浮かんだ人、企画、アイディアなどがあれば、その場で先方に連絡をして、アポを取ってしまいます。それも秒速です。

一緒に旅行に行った人や、現地で知り合った人に、何か一緒に仕事ができそうな部分が見つかれば、連絡先を交換したりして、即「打ち合わせモード」に突入します。

また、お店に行けば、

「ここはこうすれば、もっと流行る！」
「これは、こうやって見せれば、もっと売れる！」
「ここに、こんなのがあれば、便利！」

などと次々に、**ビジネスチャンスを見つけたり、勝手に「独り言コンサル」を始めたり**します。しかも楽しそうに。

あとですね、何かピンチなことが起きても、「どうしよう……」ではなく、「**どうしたら攻略できるか**」と、まるでゲームのように楽しみを見出します。

そして、その結果、「さらによくなってしまう」というか。

彼らは**人生のトレジャー・ハンター**とも言えるでしょう。

9 「今よりもっと稼げるよ！」という宇宙からのお知らせ

実は、お金が何かの拍子になくなったら、それは、

「今以上に稼げるよ！　お金はもっと入ってくるよ！」

というお知らせなんです。

人生には「絶好調」の時も、「うまくいかない」時もあります。

だから凹《へこ》んでしまう時は、もちろんあるわけです。

でも、「凹んだ時こそチャンス！」とも言えるのです。大きくジャンプする前には身をかがめないといけないように、この凹んだ時期は、アイディアを練った

り、生かしたり、工夫を凝《こ》らしたりする時期。ここで力をためることで、大きくジャンプすることができます。うまくいっている人は、この**「凹んだ時期」をどう宝に変えるか**を模索《もさく》してきた人なんですね。

私は、「占星術研究家」という肩書きもあります。

ですので、天体と運命の流れについて、少し説明をさせていただきます。

西洋占星術とは、一人ひとりの「生まれた瞬間」の十天体（太陽、月、水星、金星、火星、木星、土星、天王星《てんのうせい》、海王星、冥王星《めいおうせい》）の配置を一時停止させた図、つまりホロスコープを読み解いていく占術です。

そして、このホロスコープに描かれていることが、不思議と、その人の性質や運命にリンクしていくんですね。つまり、**ホロスコープとは、その人の「人生のカルテ」**みたいなものなんです。

そして、全員のホロスコープの中に必ず、**冥王星**という天体があります。

冥王星は、ゼロか百かの天体と言われていて、起動すると、ものすごいパワフルなエネルギーを発するのですが、普段はスリープモードになっています。

私たちの「人生のカルテ」をそれぞれ見ていくと、「冥王星がどういったことで起動するか」が書かれているんですね。**スイッチの場所がわかる**と言いましょうか。

人間関係で発動する人もいれば、家や家族がらみで発動する人、仕事で発動する人もいます。

そして、その分野が、何か危機的な状態に陥ることで、あなたのエネルギーが空っぽに近づいてきた時に、**冥王星の底知れぬエネルギーを使うことが解禁**されます。すると、自分でも驚くくらいのあきらめないパワーや、壁を乗り越える決断力や火事場の馬鹿力が出てくるんですね。

「本当の自分に目覚める！」と表現してもいいでしょう。

その他にも、冥王星には、「丸ごと変わる！」という意味合いもあります。

実際に、何かの事件や災害がキッカケとなって、スピリチュアルな能力が開花した人や、職業をガラリと変えた人もたくさん見てきました。

自分の「人生のカルテ」がどうなっているのか気になる方は、お近くの占星術師に聞いてみてください。きっと教えてくれます。


私たちには、**持っている力を出し切ることによって、とてつもないパワーが入ってくるというシステム**が備わっています。

これが本当の**「宇宙の法則」**と言っても過言ではないでしょう。

空っぽになると、とことん凹むと、計り知れない「宇宙パワー」を自分のものとして使い始めるんです。

だから、その凹みを、この先の人生にどう生かそうかって考える人は、飛躍しちゃうんです。

すごい機能ですよね!!!

10
「パートナーの収入に満足できない！」それは、あなたのほうが稼げる証拠

パートナーの収入で一喜一憂しているあなたに、朗報があります！

それは、パートナーの収入に満足できないという思いは、

「あなたのほうが稼げる！」

という神さまからのお知らせ、だからです。


そもそも、パートナーの収入にやきもきするなんて、心地よくないですよね！

心地いいことは、

「あなたが進んでいる道は合っていますよ！」

心地よくないことは、

「そっちの道は合っていませんよ！」

という、神さまからのお知らせなんです。


わたしの知り合いの夫婦の話です。

なんと結婚したら、**旦那さんに三百万円の借金があった**ことが発覚！

奥さんは、この借金を返すために、旦那さんのボーナスが出る度に、全額返済に回しました。そして、借金がなくなったところで、今度はＳＮＳでの集客や販売について勉強し、いろいろな角度でビジネスを構築していきました。

ここだけの話、今では、**旦那さんの四〜五倍くらいの収入**を得ているそうです。


この女性は、「悲劇のヒロイン」の気分を味わったり、マイナスの感情に浸《ひた》ったりするのを一切やめて、**「お金がないなら生み出せばいいのね！」とギアチェンジ**をしました。

逆に言うと、「このままだとヤバイ！」という感覚がなかったら、こんなふうに動いていないですよね！

だから、今では、

「経済の不安、ありがとう！」

「旦那さん、ありがとう！」

という感じになりました。

うまくいかない時、そこには、「**神さまからのお知らせ**」が隠されています。

一つ目は、

「**そこじゃないところに答えがありますよ！**」

というメッセージです。

物事に集中しすぎていると、まわりが見えなくなることがあります。そんな時、「ちょっとだけ視点を変えてみる」と、「自分に合う道」が見つかったりするんですね。

だから、「パートナーの収入に満足できない」というあなたの気持ちを通して、神さまは「そこじゃないよ、視点を変えなさい」とズバリお知らせしてくれているわけです。

ただ、**「自分に合う道」に進むためには、「今、大事にしている何か」を、手放す必要**があったりします。

たとえば、「専業主婦として、旦那さんをしっかり支えなきゃ。外に働きに行って家の中のことが疎《おろそ》かになるなんて、とんでもない」という思いとか。

それは、たいていが〝これだけは手放せない！〟と思っていることだったりします。

でも、怖いから、なかなか手放せない。そうして、やっとこさ手放すと、「いい感じ」になっている自分に気づく。そして、後になって「あ〜、もっと早くこうしておけばよかった！」と思ったりもします。

しかし、この世のすべてのことは、あなたにとってタイミングばっちりに仕組まれています。

だから、手放すのに時間がかかって、

「もっと早く、こうしておけばよかった〜」

と感じてしまったとしても、それはそれで、**絶妙なタイミングの気づき**なのです。

うまくいかない時の「神さまからのお知らせ」の二つ目は、

「そうでもしないと、あんた……動かないでしょ！」

です。

これは、神さまの「最終手段」だったりします。

病気になったり失業したり、いざという時に台風になって大事なイベントが中止になったり、やたらと邪魔が入ったりなど、「そうくるか!?」という形で、あなたに教えてくれることもあります。

〝**神さまの力ずくの技《わざ》**〟でくるので、驚きます。
たとえば、旦那さんが失業して、あなたが外に出て稼ぐしかない状況になる
……とかです。
神さまも本気を出している感じです。
ありがたいですね。(笑)

コラム

お財布は絶対に「好きな色」のものを

「色」には、それぞれ意味合いがあります。

ベージュは、お金を生み、育て、安定させてくれます。さらに、湧き上がる衝動をなだめてくれます。

ホワイトは、「弁財天カラー」で、芸能上達、人気運、そして金運上昇！　さらに浄化機能も兼ね備えています。

レッドは、元気、活力、情熱！（勢いで買い物をしてしまうことも……!?）

ピンクは、恋愛運、結婚運、子宝運！

ビビッドピンクは、ピンクの効能にプラスαで、「引き寄せパワー」を倍増させてくれます。

オレンジは、富を引き寄せる、勝負運、人間関係の楽しさ！
イエローは、お金を楽しく循環！
グリーンは、健康、癒《いや》し、安定！
パステルブルーは、人との関係や、お金の流れがよくなる！
ブルーは、パステルブルーの効能にプラスαで知性、冷静！
パープルは、ヒーリング、信頼関係、ステイタス（地位）の向上！
ブラウンは、育てる、安定！
ブラックは、プロテクト、貯めるパワー！
ゴールドは、すべてのレベルを上昇させてくれる！
シルバーは、今ある財産を増やす！
といった具合です。

でも実は、**「あなたの好きな色」というのが、一番金運を上げてくれます。**
だって、好きな色の服を着たり、好きな色の小物を持っていたりするだけでも、気分が上がるでしょ！

すると、あなたから自動的に「いい波動」が出るんです。

今、ここで**「自分の好きな色のものを使うと、金運が上がる！」**と、自分に設定を入れてください。

赤が大好きなのに、「赤は散財」と思い込んでいる人は、今すぐ、この設定をアンインストールして、「自分の好きな色で、金運が上がる！」にアップデートすればいいのです。

ですが、**ゴールドは、金運には最強**ですけどね。

あっ、ついついあなたに設定を入れてしまいました。すいません。

ちなみに、わたしは、次に使うお財布は、イエローかゴールドにする予定です。

おまけ情報としまして**お財布は、一粒万倍日《いちりゅうまんばいび》、新月に使い始めるといい**でしょう。

一粒万倍日とは、一粒の籾《もみ》からたくさんの稲穂が実ることから、この日に始めたことは、どんどん増えたり、発展したりすると言われています。

また、新月は、物事をスタートさせるのにもってこいの日。

新月から満月に向けて、お月さまはどんどん大きくなっていきます。

ですので、お金がこれから、ますます増えていくイメージが、お財布にインストールされるんです。そして、新月になってから四十八時間以内に、目標設定をしたり、願いをかけたりすると、叶いやすいのです。

3章

「使い方のピント」は合っている？

……〝ワクワク楽しめること〟に集中投下！

1

「YOUはお金のDJ、チェケラッチョ」

お金が好きな人は、お金が手元にあります。
投資が好きな人は、投資にお金を回します。
勉強が好きな人は、勉強にお金を回します。
仕事が好きな人は、仕事にお金を回します。
楽しい経験が好きな人は、楽しい経験にお金を回します。
旅行が好きな人は、旅行にお金を回します。
ファッションが好きな人は、ファッションにお金を回します。
インテリアに凝っている人は、インテリアにお金を回します。

食べ物が好きな人は、食べ物にお金を回します。

素敵な家に住みたい人は、家にお金を回します。

人のために活動するのが好きな人は、人のためにお金を回します。


このように、人によって、衣、食、住、人づきあい……など、**お金をどこに回すかの優先順位**は違います。

当たり前ですが、誰しも**「一番得たいもの」**に、お金を優先的に流します。

とってもシンプルですね。


いわば、**あなたはお金を自由自在に回すDJ**なんです、「チェケラッチョ」！

何にお金を使うかで、人生に流れるミュージックは違ってくるというわけ。


あなたが、今、一番得たいものは何ですか？

最近、お金を使ったものを書き出してみましょう。

毎日の食材や生活必需品は省《はぶ》いてくださいね。

また、特に何にもお金を使っていない場合は、「お金」と書いてください。

✴ ✴ ✴ ✴ ✴

書き出せましたか？　これらが、今、あなたにとって「優先順位が高いもの」です。

お金との関係が良好な人は、お金の使い方、つまり回し方が上手です。楽しいマネー・ミュージックが常に流れています。

ちなみに、**わたしの優先順位は、仕事が最も高い**ので、仕事がやりやすくなるための機材やアイテムには惜しみなくお金を使います。

そして、自分以外の人でもできる仕事は、アウトソーシングをして、仕事をしやすくなる環境づくりにお金を使っています。また、仕事自体にもなり、有意義な経験にもつながる「旅」関係も然《しか》りです。

でも、こうやって見ていくと、**「お金を生み出すもの・こと」にお金を使っている**ことがわかります。

2 「人のお金の使い方」が気になる人へ

人は、それぞれ価値観が違います。そして、それぞれの人には自由に生きる権利があります。

だから、「人のこと」に介入するのは、ある意味ルール違反です。

「自分は正しい」と相手に自分の価値観を押し付け始めると喧嘩《けんか》になり、エスカレートすれば戦争になっていきます。

お金に関しても一緒です。

あなたが、自分のお金事情に直接関係ない人の「お金の使い道」に対して文句を言う筋合いはありませんし、人が稼いだお金は、あなたのお金ではありません。

そのお金は、その人の「駒《こま》」であり、その人の「アイテム」です。

あなたも自分のお金の使い方について、「あ～だこ～だ」と介入されたくないですよね。

そして、そもそも、人のお金の使い方や購入したものに関して、とやかく言う人は、お金持ちにはなれません。

「あなた自身が、それにお金を使わなくてよかったね」。以上です。

何度も言いますが、人に許可を出せないことは、自分にも許可を出せていないことなのです。

そもそも、**「お金を稼ぐことは大変」**という思い込みがあるために、**「簡単にお金を使ってはいけない！」という設定が入っている**のです。

まずは、ここに気がつくだけでも大きな進化です。

簡単に入ってこないと、簡単には使えません。

逆に言うと、
簡単に入ってくれれば、簡単に使える！
ということですよね。

じゃあ、今ここで「お金は簡単に入ってくる」という設定をしてしまいましょう。

リピート・アフター・ミー！

「なんだかわからないけど、
お金って、本当に簡単に入ってくるんですよね〜！」

3 無駄なようでお得な「お金の使い道」

目の前の「お得感」や「安さ」に惑《まど》わされることがありませんか？

たとえば、クリーニング屋さんに自分が出向くよりも、少し高いけれど「取りに来てくれる＆配達してくれる」クリーニング屋さんにお願いすれば、浮いた時間を他のことに使うことができます。

同じように、歩いて食事を買いに行くよりも、配達してもらうためのコストはかかるけれど、宅配を頼んだほうが、浮いた時間を他のことに使うことができます。

自営業の人は特にですが、

「他の人でも、できること」は人にお願いし、

「自分にしかできないこと」に集中して取り組む

と、仕事のパフォーマンスが上がりますよね。

この感じをプライベートでも生かしてみると、これまで「お金の無駄かも!?」と思っていたことが、意外にも「お得」だったりします。

「お金で時間を買う」ことにより、その時間で「お金をもっと生み出す作業」ができることも多いのです。

あなたの「優先順位」はどこにありますか?

4 簡単に「都合のいいお客さん」にならなくてもいい

よく考えたら、「本当はいらないもの」って、たくさんあります。

しかし、わたしたちは、「差し上げます！」と言われると、断れなかったり、ついもらってしまったりする習性がありますよね。

たとえば、「今ならオプションで○○のサービスがついています」というトークは、よく聞きます。でも、そんな言葉に惑わされて、「お得な気分」になっていたら、ちょっと待った！

オプションって言っても、実はその分の料金はしっかり請求金額に含まれているんです。

だから、**「オプション」「おまけ」「お得」に惑わされない**ように。

つまり、

「福袋って、本当にいる!?」


という話なんです。

何でもかんでも、すぐに「都合のいいお客さん」にならないように！

「必要なのか、必要ではないのか」

「何が欲しいのか、欲しくないのか」

といった基準を明確にしていれば、**お金の使い方のピント**がズレていかなくなります。

たとえば、野菜などは「バラ売り」のほうが高いことは多いですが、わたしは、バラ売りのほうを買うことがあります。

「五個入っているほうがお得だから」と必要以上に買っても、結局、使い切れなくて捨てることになったら、もったいないと思うからです。

お腹がいっぱいなのに、「もったいないから」と残さず食べて、後で体調不良になったり、胃薬を飲んだりする人がいます。

わたしは、お腹がいっぱいな時は残して、胃袋を健康に保つほうが好きです。

どっちを選ぶかは、あなたの自由。

5 お金にも〝承認欲求〟がある⁉

誰しも「自分は価値のある存在だと認められたい」という**承認欲求**を持っています。

それと同じように、**お金も、「自分には価値がある」と感じたい、感じられるように使ってほしい**と思っているもの。ですので、

「有意義に使ってくれる人」

「世の中に貢献するような使い方ができる人」

のところに、お金はワラワラと集まってくるようになっています。

わかりやすく言うと、**「たくさんの人を喜ばせるような使い方ができる人」**の

ところに、お金は行きたがる傾向があるわけです。

また、何よりも誰よりも「目の前の人」に好かれたいので、お金を受け取る時に罪悪感を持ったりする人のところへ行くとテンションが落ちますし、その人のところにはもう行きたくなくなります。だから、

✴お金を喜んで快く受け取る
✴お金を喜んで使う

これが、「お金に好かれる人」になるコツなんです。

ただ、一つポイントがあります。人は商品やサービスそのものに魅力を感じるからお金を払いたくなるものですが、実はそれ以上に「その商品・サービスを扱っている人は魅力的かどうか」が大事なんです。

誰にお金を払いたいか！　誰に会いたいか！　つまり、**誰にエネルギーを流したいのか！**　ということ。たくさんの人に好かれている人というのは、

「あっ、この人になら、喜んでエネルギーを流したい!!!」

と、たくさんの人に思われているって、ことなんです。

たとえば、インターネットで自分の夢や活動を発信することで、その思いに共鳴してくれた人たちからお金を募《つの》る仕組み「クラウドファンディング」は、興味・関心・好意の可視化だと思うんです。

その人が、どれだけの人に、興味・関心・好意を持たれているかで、お金の集まり具合が変わってきます。

逆に言うと、興味・関心・好意を持たれれば、お金はいつでも集められるということなんです。

もちろん、知名度が高い人や、発信力のある人、人を惹《ひ》きつけるパワーがある人というのは、多くの人から、興味・関心・好意を持たれます。

しかしながら、基本的には、リアルも、オンラインも、目の前の人を大切にし、関心を向け、愛のある発信をしていくことがポイントでしょう。

人って、誠実な関心を持たれると、その人に好意を持ち、信頼関係が生まれ、近づきたくなったり、応援したくなったり、何か役に立ちたいと思ったりする生き物ですから。

そして、話を元に戻しますと、クラウドファンディングでは、興味・関心・好意を可視化した**お金が、「何に使われていくのか」が、明確化**されています。そして、**「これからどうしたいのか、何を目指していくのか」が明確**です。

だから、心地よさを感じますし、そんなプロジェクトには、誰もが興味を持って参加したくなります。すると、さらにお金が自然に集まってくるのです。

最近では、クラウドファンディングではなくても、集めたお金の使い道を明確にして集客をしたり、商売をしたりして、「あなたも私も、どっちも関係者！」を創り出している人も増えてきました。

一緒に何かをクリエイトしているような楽しい雰囲気と言えるでしょうね。

6 「使い道のイメトレ」をしておくから宝くじも当たる

宝くじなども、**「お金をゲットした場合の使い道」**を具体的にイメージしておくほうが当たりやすいようです。

お金も「この人のところに行ったら役に立てるな」とテンションが上がってワクワクするからかもしれません。

たとえば、福岡県にあります、ブロンズ製では世界一大きい釈迦涅槃像《しゃかねはん》で有名な、高野山真言宗の別格本山・南蔵院《なんぞういん》の住職、林覚乗《はやしかくじょう》さんは、**宝くじやナンバーズで三十回以上、高額当選をした経験がある**そうです。

「救急車を寄付するため」など、使い道は買う前から、具体的にしておくそうです。

　これならお金さんも「そのプロジェクト、乗った！」となりやすいですよね。

　宝くじが急に当たって不幸になってしまう人がいます。

『ドラゴンボール』にたとえると、いきなり必殺技の「かめはめ波《は》」を使えるようになっても、そのパワーを制御できないのと同じ。せっかくのお金（パワー）を効果的に使えないばかりか、自身にも害が及《およ》んでしまうこともあるかもしれない、ということです。

お金という名の「エネルギーの使い方」を、ちゃんとイメトレしておくことは、とっても大事なわけですね。

　ちなみに、南蔵院では、〝宝くじグッズ〟が購入できます。

　私のオススメとしましては、**大黒さまがプリントされている黄色い「宝くじ入**

れ」です。

私自身は、宝くじは買わないのですが、家に置いておく現金は、この「宝くじ入れ」に入れています。

それ以来、金運が上がり続けています。

7 お金は「ありがとう」をつなぐ幸せ旋風リレー

「波動の法則」について書いた、『神さまとの直通電話』では、お金のことを、**ありがとう券**と表現しました。

お金とは、相手が提供してくれたエネルギーに対して、感謝を込めて交換するものだからです。

「ありがとう券」は、渡したほうも、受け取ったほうもうれしいし、さらに、「ありがとう券」を受け取った人は、次に自分が「ありがとう」と感謝を伝える機会に使います。

つまり、**お金を循環させるとは、「ありがとう」の気持ちをバトンとして渡すリレーみたいなもの**かもしれませんね。

そして、このバトンは、回せば、回すほど、**幸せ旋風《せんぷう》**が巻き起こります！

しかし、相手に好かれるためとか、断れないから……といったかたちで、「ありがとう券」を使うのは、微妙な感じになりますね。

いわば「ありがとう!? リレー」ですね。（笑）

「ありがとうリレー」と「ありがとう!? リレー」。

あなたは、いつも、どっちのリレーに参加していますか？

ここで、**「使えば使うほど、人が仲良くなるお金の話」**をしたいと思います。

鎌倉市に本社を構える、面白法人カヤックという会社が「まちのコイン」という地域通貨をつくりました。

実証実験のため、小田原市ではもう使用され始めているそうです。

CEOの柳澤大輔さん曰《いわ》く、

「『まちのコイン』は使えば使うほど、地域の人たちが仲良くなってしまう」

とのこと。なぜなら、コインを使うのも、もらうのも、地域の人とつながらないとできないからです。

まちの人とのつながりを増やすと（手伝ったり、解決したり、参加したり）、お礼にコインがもらえ、それは地域の加盟店で使えます。

しかも、使う時も、「人とのつながり」を

つくる時にしか使えない！　とのこと。
「知らない人と一緒にご飯を食べる」とか……。（笑）
つまり、コインを使うことで「人とのつながり」ができる設定になっているのですね。

使えば使うほど、楽しくなりそうです。
使えば使うほど、お知り合いが増えていきますね。
そして、「まちのコイン」は円には換金できないとのこと。そして、時間が経つと価値が減っていくそうです。

「ありがとうリレー」は続きますね！

8 「大きな買い物をする時」の外せないポイント

水面に一滴の水を落とすと、その波紋は果てしなく広がります。

そして、何事においても「最初の一滴」（最初に感じたこと）は、波紋のように展開されていくのです。

ですから、**「大きなお金を使う決断を下す」時は、最初が肝心**です。

引っ越し先を決める時、家や車を買う時、投資する時など、大きな買い物をする時には、あなたの心の奥、つまり、**「神さまであるあなた」**が、**どう感じているかが大事なポイント**になります。

「一点のくもりもなく、OK！」が出ていればOKです。

しかし、一ミリでも〝うん!?〟という違和感があったら、決断をしないことをオススメします。

素直にうなずけない〝何かの引っかかり〟があるからです。


〝うん!?〟という違和感は、その後の展開の中で、大きくなっていく可能性が大きいものです。

最初にどう感じるか、これがとても大切なんです。

「なんか、おかしいぞ!?」は、何かがおかしいから湧き上がってくる感情です。

たとえば「お金が儲《もう》かりますよ」という話には、ワクワクする人も多いですが、変な投資話のワクワクには、絶対に〝うん!?〟が混じっていますので注意！


私は絵を描くので個展をするのですが、会場を借りる時、いくら気に入ったスペースであっても、最初のやりとりで〝うん!?〟があったら、それ以上、話を進めることはしません。

具体的なエピソードとしましては、とある個展会場を見つけた時の話です。

会場は気に入ったのですが、

「担当者が目を合わさない&笑顔がない」

「スケジュールが微妙に合わないことが続く」

「メールの返信がぶっきらぼう（愛を感じない）」

といった具合に、

うん!?

うん!?!?

うん!?!?!?

と、波動が合わない状態が、とてもわかりやすかったので、そこはやめました。

で……その後に見つけた個展会場は、担当者も場所も、とっても心地よかったのです。

「あっ！　ここに出会うために、あそことは波動が合わなかったのだな！」

と思った次第です。


そして何度も言いますが、**心地よい感じが「神さまがOKを出している印」**ですからね！

今後、運をつかめるか、つかめないかが、〝うん!?〟という引っかかりがあるか、ないかでわかるんですね。運をつかめるようで少し違うから、〝うん!?〟という感覚になるのでしょう。（笑）

コラム

「お金」と「指導霊」は似ている

この世のすべてのものに、「心」が宿っています。お金にも、です。

そして、あなたがお金だったら、

「批判ばかり口にして、実際は何もしない人」

「夢に向かって楽しみながらも一生懸命に行動している人」

どちらのほうに流れていこうと思いますか？

後者ではないでしょうか？

ここでいきなり「霊」の話をしてしまいますが、あなたを見守り、導いてくれている**「指導霊」**という存在も、「夢に向かって一生懸命に行動する人」のところに行きたくなるんです。

「指導霊」とは、人間だった時に「その道のプロ」だった素敵な存在で、何かに一生懸命になっている人を応援してくれる霊のこと。

そして、本人が好きな道で楽しく活動していると、この「指導霊」がつき、レベルアップしていくと、さらに上級の指導霊にバトンタッチされます。

お金も、この「指導霊」に似ているかもしれません。

なぜなら、好きなことに向かって楽しく行動する人は、素敵な波動が出ていますから、人もお金も集まってきます。

そして、お金はエネルギーです。集まってきたエネルギーを使うことで、その人は夢に向かってさらに邁進《まいしん》することができるのです。

指導霊は見えないエネルギー、お金は見えるエネルギーといった感じでしょうか。

4章

お金の「ダダ漏れ」をストップ！

……「大事に扱う」から、いつもそばにいてくれるのです！

1

「中途半端な契約」は解除しましょう

保険や投資など、解約したいのに言えないとか、取り引きをやめたいのにズルズルつきあっているとか、そういう状態は早くスッキリさせることが大切です。

人やお金などに、いつの間にか足枷《あしかせ》をつけられて、奴隷になる必要はありません。**「心の中にモヤモヤを残しておかないこと」が、すべての流れをよくする秘《ひ》訣《けつ》**です。

いつも、スッキリ、楽しく生きることを選択しましょう。

そして、**いかなる時も、あなたの人生の主人公は、あなた**です。

その他の人やモノは、エキストラに過ぎません。
もちろん、お金もです。
エキストラを主役にしないようにしてください。

大丈夫です。怖くありません！
解約すると態度が悪くなる保険屋さん、ビジネスを解消しようとすると執着する人、いろいろな人がいるかもしれません。
保険屋さんの担当者によっては、「自分の営業成績が下がるので続けてください！」とか、「あなたを紹介してくれた○○さんに、ご迷惑をかけてしまった……」などと、「お涙頂戴《ちょうだい》作戦」をしてくる人もいます。これって、ちょっとズレてますよね。こんな場合は、即刻解約しましょう。（笑）
「おかしいな、ちょっと違和感があるな」と思ったら、一人で考え込まずに、まわりの信頼できる友人や知人に相談してみるのも、いいかもしれません。

ちなみに、その人の「本質」というのは、最後に、つまり契約を解除したり、関係を解消したりしようとする時に、はっきりわかります。

メッセージも、やりとりしていたメールの、最後の二行くらいに、その人の本音が出ちゃっているものです。

「愛と光にあふれている人」は、たとえこちらが契約を解除する、取り引きをおしまいにする、と伝えたとしても、相手の立場になって、いろいろ言葉を選んだり、対策を整えてくれたりするので、本当に感動します。

きっと、「そういうことも知ることができてよかったな！」という感想を持つでしょう。

でも、もしも……やめる時に、相手の嫌な面が見えたとしても、それはそれで、

オールOKです！

「あ～やっぱり、ここで終わってよかった！」ってなりますからね！

そして、手放すと、より自分にふさわしい人とつながったり、よりよいものがやってきたりするという「宇宙の法則」が、完全にあなたの味方になってくれます！

だって、**ここは、あなたの宇宙**ですからね！

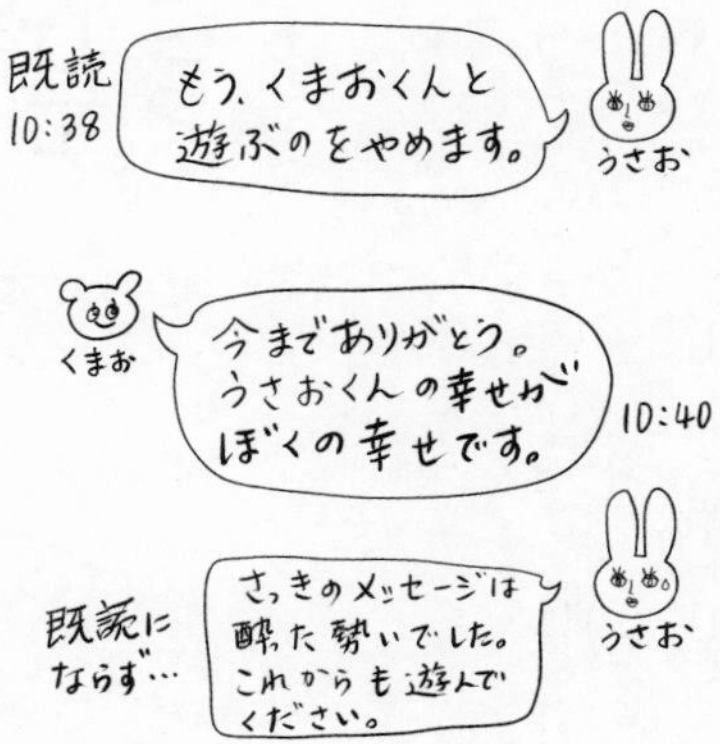
既読
10:38
もう、くまおくんと遊ぶのをやめます。
うさお
くまお
今までありがとう。うさおくんの幸せがぼくの幸せです。
10:40
うさお
既読にならず…
さっきのメッセージは酔った勢いでした。これからも遊んでください。

2

「あなただけ」「今だけ」と投資話を勧められたら

実は、「お金が儲かりますよ」と持ちかけられる話の九九パーセントは、詐欺《さぎ》だと思っていたほうがいいでしょう。

だって、そんなに儲かるなら、誰にも言わず、こっそり自分だけ儲ければいいと思いませんか⁉

わざわざ、いろいろな人に勧めたりしないでしょう。

そして、お金儲けの話をする人って、

「あなただけにしか教えない！」

「こんないい話、めったにないです」

「早く決めないと期限が迫っている」

などと言ってくることもよくあります。

これは非常に危ないケースです。

「今、申し込まないほうが、逆に損しますよ！」

などと言ってくることもあります。私たち人間は、損することを嫌がる性質がありますから、そこを狙ってくるわけです。

昔、投資話を私に勧めてくる人がいました。

その時、私は、その人に言いました。

「私が契約することで得られるロイヤリティより、自分で実際に投資したほうが儲かるんじゃない？」

でも、その人は、決して自分ではその商品に投資をしませんでした。

また、「〇〇万円くらい、投資をしてみない？」などと勧めてくる人は、その額のお金で困難をきたしていたりします。

親しい人、そして、「親しい人の知り合い」からの話であっても、注意してくださいね。

ちなみに、親しい人の知り合いって、一番危ないです。

だって、その人、もともとはあなたの「知らない人」ですよね。

それと、詐欺師の特徴として、調べられないような「すごい実績」を語ってくることがあります。たとえば、ローマ法王の相談に乗ったことがあるとか。(笑)

また、交流会で知り合った人などは、なおさら気をつけてください。なぜなら、詐欺師はそういうところに潜《ひそ》んでいるからです。

話が少しそれますが、交流会などには、ネットワーク・ビジネスの勧誘をしてくる人が必ず存在します。あたかも簡単に稼げそうなことを言ってきますが、そうしたビジネスがうまくいく確率は一%というのを知っておいたほうがいいでしょう。

話をもとに戻しますと、

「本当に大丈夫!?」

なんて、投資話や金融商品を勧めてくる人に聞いたら大変です。

詐欺師は、

「安心してください。大丈夫ですよ。保証もありますし」

などと言うにきまっているからです。

そもそも、「大丈夫でしょうか?」と心配になるくらいなら、何もしないほうがいいでしょう。

ということで、次の言葉をリピート・アフター・ミー!

「相手がオススメしてくる金融商品は、相手が得するものである」

3
「ちょっと、よろしいですか～？」キャッチセールスの罠

皆さんは「キャッチセールス」につかまったことはあるでしょうか。

路上などで突然、「ちょっと、よろしいですか～？」と声をかけてきて、たくみに営業所や喫茶店などに連れて行き、高額な商品を契約させる、アレです。

そもそもキャッチセールスは違法なので、もし、そんな場面に出くわしたら警察に通報しましょう。

もしも、うっかり相手について行ってしまったら、うまい言い訳を考えて、なんとか脱出してください。

ちなみに相手は、その日のうちに契約させることに必死です。時間が経つと人間は気が変わるのを知っているからです。だから、たくみにセールスされて、その気になりそうになっても、絶対に、何がなんでも、その日のうちに契約してはいけません。

そして、もし、高額な化粧品や超音波美顔器などを売りつける商売の人がいたら……。その人が女性だったら、相手のことをよく見てください。

人のエネルギーを奪うような仕事をしている人は、運気がよくないので、肌がくすんでいることが大半です。

ですから、相手の顔をまじまじと見てから、こう言いましょう。

「おっかしいな……もちろん、あなたは、これ使っていませんよね！　見た感じ」

また、「あなたは特別！」的なことをいろいろ言ってくると思うので、そんな時は、こう返してください。

「ええ、もちろん特別なことは、知っています！　私は、神さまですからね」

で、ですね。もしも、この本を読んでいる時点で、すでに、キャッチセールスなどで〝ヒドい目に遭《あ》ってしまい済み〟のあなたに、一言お伝えしておきます。

それは、

「相手は得しているようで損しているし、あなたは損しているようで得している」

ということです。

ですので、その事件に自分の心を縛られないで、今を楽しむ方向に意識をシフトすれば、パラレルワールドが変わります。

ちなみに、パラレルワールドとは、ある世界（今の現実）と並行して存在する別の世界のことで、「並行時空《へいこうじくう》」などとも呼ばれるもの。

とにかく、何があっても「楽しむ！」方向に意識を向けていれば、キャッチセールスの被害に遭ったとして、たとえその人からお金が戻ってこなくても、違う方向から増えて戻ってくるんです。これホントですよ。

4 「貸したお金」が不思議と返ってくる話

さて、皆さんは友人や知人にお金を貸した経験があるでしょうか。もちろん、うっかりお財布を忘れてしまった同僚にランチ代を貸す、くらいのことはあるかもしれません。

そうではなく、「お金に困っているから貸して」と言われて貸した、といったたぐいの経験です。

そもそも、お金は貸さないほうがいいわけですし、もし貸すとしても、少しだけカンパしてあげて、「それで終わり!」のほうが健全です。

ただ、ここでは、すでに、誰かにお金を貸してしまっている人のために、対処法を書いてみたいと思います。

貸したお金を返してほしい場合、その人のこと、お金は返ってくることを信じて、**「応援する側」に回ると、返ってくる可能性が大幅にアップ**します。

だから、「早く返せ！」と催促《さいそく》するのではなく、

「あなたを信じて待っているね」

と伝えましょう。

ない時は、ないんですから、仕方がありませんしね。

人は疑われると離れ、信じてくれる人のところに戻ってきます。

そして、**予祝《よしゆく》（前祝い）をして感謝し、相手の豊かさと幸せを祝福**しましょう。

お金を返してほしい相手が豊かになれば、あなたの貸したお金も返ってきますよね。

ちゃんと返してくれたお礼に、何をご馳走するかも決めておきましょう。

そして、実際にお金を返してもらったところを想像して、

「お金を返してくれて、ありがとうございます！」

と感謝の言葉を発してみましょう。

そうすると、不思議なことに、一度に全部返ってこなくとも、ちょっとずつ返してくれたりしますよ。

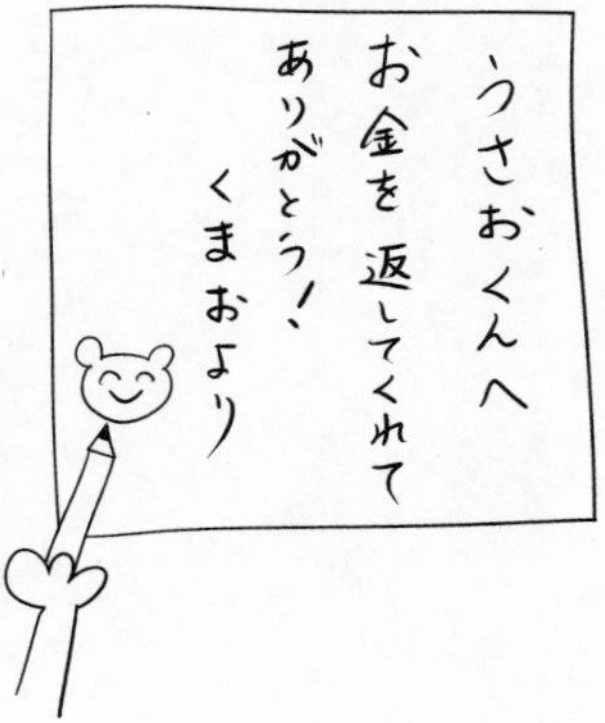
うさおくんへ
お金を返してくれて
ありがとう！
くまおより

5

「お金が漏れ出ている穴」をふさぐ話

お金は「エネルギー」だという話を書きました。

どんなこともそうなのですが、エネルギーは「自家発電」に切り替えないと、どこかからエネルギーを〝調達〟してこなければなりません。

たとえば、今はすごく簡単に消費者金融でお金が借りられる時代です。だから〝手軽なエネルギー調達先〟として、消費者金融を利用する人もいます。

でも、一旦これにはまってしまうと、「豊かな流れ」を自分に呼び込むことは難しくなります。

また、リボ払いなどを利用することも、そのカード会社の思う壺《つぼ》ですよ！

リボ払いって、知らぬ間に利子の返済だけになっていく仕組みになっています。
つまり、元金が減らないんですね。

カードの申し込み時や、今現在持っているカードなども、自動的にリボ払いの設定になっていないかどうかチェックしておきましょう。

ちなみに、借金している人に同情して、肩代わりをしてあげたとしても、その人は、懲《こ》りずにまた借金をするそうです。これは、元・金貸し業の知人が言っていました。

ですが、こうした経験を通して「お金の使い方を学んでいく」という人生のシナリオを書いて生まれてくる人がいるのも事実です。

で、ですね……。**「お金は、一気に返す」と、スッキリする**んです。

それは、エネルギーが漏《も》れ出ていた「穴」が埋まるから。

風船の穴がふさがって、フワッと軽くなるようなイメージです。

今、「穴」が空いている人（借金がある人）は、まず、穴をふさぐこと。つまり借金を返すことを最優先にすることがポイント（家や車のローンは別ですよ）。

入ってきたお金は、その時々の娯楽に使うのではなく、まずは返済に回しましょう（ちなみに、それもできないヤバイ状況の場合は、一人で不安を抱えずに、無料弁護士相談などを活用するのも手です。借金返済には任意整理など、いろいろな方法があります）。

気づかないうちに、消費者金融やカード会社の「都合のいいお客さん」になっていませんか？

もしも、欲しいものがあって、今、気持ちよくサクッとその金額を出せないのだとしたら、「まだ、それを買うタイミングではない」という印です。

「自分の神さまであるあなた」が、そのへんは、よ～くご存じでしょう。

モノも、人も、ご縁！

「つながる時は、つながる」し、そのタイミングでお金もやってくるんです。

6

お金の「きっつ〜い試練」に直面したら

人生のシナリオに**「お金に関する試練」**を盛り込んでくる人がいます。

盛り込む時期は、人によって千差万別です。

もちろん、盛り込んでこない人もいます。

「最初から最後まで、お金持ち」というシナリオの人もいれば、「お金持ちから急転直下」といった具合に〝壮絶なドラマ〟を体験するシナリオを書いている人もいます。

ちなみに、ほとんどの人が「試練」というものを、自分の人生のシナリオに差し込んでいます。

少しスピリチュアルな話になりますが、私たちは生まれる前に、「今度の人生では、こんなふうに生きよう！」と、自分の人生のストーリーを作成しています。

その時に、ほとんどの人が二〜三個ほど**「試練」という名の〝人生のハイライトシーン〟**を入れておくのです。

「人生ドラマ」が面白く展開するように、です。

「人間関係」や「仕事」の試練なども人気ですが、**「お金の試練」**を盛り込む人は、かなり多いです。

きっと、**人気の地球アクティビティ**なのでしょう。

ただ、一つ言えるのは、「お金の試練」を盛り込んだ人は、その学びを生かして、お金との関係性を上手にアップデートしていくことが多いんです。

もしも、あなたが今、「お金の試練」に直面しているとしたら、そうなるように、生まれる前に自分で仕組んできた可能性が高いです。

私たちは、乗り越えられない試練を自分の人生に組み込むことはできません。

なぜなら、乗り越えられない試練であれば、「これから地球に生まれてＯＫかどうか」を判断する、生まれる前の「審査」に通らないからです。だから、かなりギリギリでも「乗り越えられそうなもの」を組み込んでくるんです。

今後、あなたの人生に〝きっつ～い試練〟が登場したら、

「私、すごいの入れてきたな！」

「これも、乗り越えられるんだ！　すごい！」

と、生まれる前の自分を尊重してあげましょう。

私は、試練に直面すると、いつもこの視点に戻るようにしています。

そして、

「いくらなんでも、創造主の私は、いい加減、このへんで止めておくだろうな」

といった感じに、その先の展開を予測しています。

7 まわりからの「あ～だこ～だ」に惑わされない

「動かない自分」を誰かのせいにしていませんか？
親のせい、子供のせい、パートナーのせい、そして……お金のせい。

出ました、お金のせい！！！

私たちは、「どうしてもやりたいこと」があったら、何があっても動いてしまうものです。まわりのせいにして動かない時は、結局は優先順位が低いということ。

嫌われたくないとか、変化が怖いとか……何かしら理由をつけて、今の状態のままでい続けることを選んでいるということになります。

何につけ「うまくいっている人」というのは、親の顔色やまわりの意見などで、コロコロと自分の優先順位を変えたりしません。

サクッと決断を下し、素早く行動し、NOなことには、はっきり「NO」と言います。

そして、何があっても「まわりのせい」にしません。

自分の行動には、自分でしっかり責任を持ちます。

「断っちゃ悪いよな」とか、「○○の恩があるし……」とか、迷う必要はないんです。

これ……結局、「動かない理由」を考えているだけですから。

「自分への言い訳」が始まったら要注意ですよ。

それは、自分を「ズレた方向」に誘《いざな》う合図ですから。

人は変化を嫌う生き物です。

身内や近しい人たちも、あなたの行動に対して、ちょっとでも不安要素があったら、止めにかかったりします。

しかし、しばらくして、あなたが「いい感じ」にでもなれば、態度をコロッと変えますよ！

これホント！（笑）

ちょっと、お金とは違う話に聞こえるかもしれませんが、これ結局、**「お金をつくる道」の話**ですから、大いに関係があるのです。

コラム

大きな出費があって凹んでしまったら

お金は、あなたに降りかかってくるトラブルを「エネルギーとして中和」してくれることがあります。

たとえば、突然、大きな出費があって凹むことがあったとします。でも、そうした**「大きな出費」があったことによって、あなたの「難」が打ち消される**ことがあるんです。

たとえば、大金をなくしてしまったために海外旅行に出かけられなかったが、そのことで大きな事故に巻き込まれずにすんだ。

あるいは、約束の期日に友人から貸したお金を返してもらえず、相当イライラしてしまったが、その時、ちょうど誘われていた変な投資話に乗らず、大損しなくてすんだ。
また、お財布を落としてしまったが、その探している時間があったからこそ、気持ちがすれ違い気味だったパートナーとの絆《きずな》をもう一度、深めることができた。

こんなふうに、「大きな出費」はあなたの「難」を打ち消してくれたり、トラブルを未然に防いでくれたり、「縁結び」の役割を果たしてくれたりすることもあるのです。

だから、突然の「大きな出費」に直面した時こそ、
「お金さん、どうかあなたも、達者でいてください。ありがとう！」
とお礼を言いましょう。

めでたし、めでたし。

5章

「想像以上」を提供できる人になる!

……「ミラクルなお金の流れ」をつくるコツ

1

「ベルリンの壁」は、あってないようなもの

入りたい会社があるならば、面接に行ってみればいい。
取り引きしたい会社があったら、アポを取ってみればいい。
注文したいロット数が決まっているのなら、商品を注文する数も交渉してみればいい。

人生では、欲しいものを手に入れる方法は、シンプルなんです。

言ってみないと、わかりません。

交渉してみないと、わかりません。

相手は人間です。

心って変わりますよ。

あなたも人間だから、わかりますよね。

たとえば、この会社で働いてみたいなと思った時に、「経験者優遇」と書いてあったり、年齢制限が設けられていたりすることがあります。

これ、あまり気にする必要はありません。

というか、私は気にしませんでした。

かなり昔の話ですが、私が占い師になる時に、ほとんどの「占いの館《やかた》」では、「経験者」でないと働けませんでした。

そして、私が見つけた渋谷にある老舗《しにせ》の占いの館は、経験者の募集さえしていませんでした。

「占いの館」って、在籍者数が決まっているので、今在籍している先生が辞めないと、入れないんですね。

でも、占い師って「リアルな場数」をこなさないと成長しないので、私は押しかけました。

「ここで働きたいんです！」と。

すると、面接だけは受けさせてもらえることになり、そのままオーナーを占いました。

で、ですね……不思議と、次の日に、

「水曜日の夜、先生が一人足りなくなったので、入ってください」

と連絡がありました。

こうして、私の〝占い師デビュー〟が果たされたのです。

当時は、まだスマホが登場しておらず、ブログやSNSも発達していなかったのですが、今であればネット上でデビューすれば、キャリアを積むこともできますね。

もう一つ、私の友人が〝WEBデザイナー・デビュー〟した時の話をします。

その友人は、とあるデザイン会社の面接に応募したのですが、募集要項には、「イラストレーター」と「フォトショップ」のソフトが使えることが条件としてあげられ、作品も持参しなければならないと書かれていました。

しかし……私の友人は、「イラストレーター」や「フォトショップ」が全く使えない、〝超初心者〟だったのです！　でも、面接でハッタリをかまして気に入られ、無事入社しました。

そして今では、自分の会社を立ち上げて数年になり、社員もたくさんいます。

さらに、この話には続きがあって、その友人の会社に、〝自称クリエイター〟の男の子が入社してきました。

ＰＣを持参するように伝えたところ……

なんと、ダンボールでPCをつくって持参したとのこと。(笑)

「ベルリンの壁」って、絶対に崩れないと思われていましたけど、なくなる時は、あっという間でしたよね。

同じように、最初の「壁」が高く見えるものであっても、実際に行動してみると、その壁って「あってないようなもの」だったりするのです。

2

ビジネスをするなら「素早く、ちょっとずつ、テスト!」が大事

どんなことにも、リスクは伴います。

しかし、失敗を恐れて動かないでいては、何も変わりません。

たとえば、自分でビジネスをしてみたいなあと思っていたら、ちょっとずつでいいので、「テスト・リリース」をし、「素早い意見や反応」を得ることを繰り返し、自分のアイディア、やり方を改良して、磨いていきましょう。

アプリのように、バグがあったら改良して、アップデートしていけばいいんで

す。そうやって、どんどん素敵に進化させていくんです。

アイディアをずっと温めているだけだったり、「完璧になってから始めるぞ!!!」としていたら、リリースする頃には、「もう古い!」となります。

そのくらい、今の時代は、進化が激しいのです。

ちょっとずつでいいので、どんどんテストをしていきましょう。

これが**最短で、最強の道**ですよ。

「失敗」は、実は失敗じゃないんです。

「改良に必要な情報」でしかありません。

「早く気がつくだけラッキー」なんです!

切り替えも早く!

そして、うだつが上がらない時は、だらだらと続けないことも大事。

よく、ビジネスがうまくいかないと、やり方を変えずに、より労働時間を増やし、ハードに働こうとする人がいます。

でも、「ハードに働くこと」や「費やした時間」と「収入」は、実は比例しません。

昔、「あきらめないで！」という文言が流行りましたが……。

この本では、こっちの文言のほうが大事です。

「温めないで！」

3 あなたの「一番のお客さま」は、あなた

商品を販売する時はまず、「自分が本当にワクワクするか」が大事です。

なぜなら、

あなたの「一番のお客さま」はあなた

だからです！

「自分だったら買わない！」と思うような商品を売ったら失礼ですよね。

それに、その中途半端な気持ちが、そのまま売り上げに反映されます。

これは、恋愛に似ています。

恋愛という自分をリアルに直視しなければいけない関係においては、「鏡の法則」がクリアに適用されます。つまり、「自分のことを、自分がどう思っているか」が、相手を通して如実《にょじつ》に明らかになるのです。

「自分は最高！」と思っている人は、「やっぱり私って最高！」を体感します。

「自分は無価値！」と思っている人は、「どうせ自分なんて！」を体感します。

そして、**あなたが販売する商品は、あなたの分身**です。

あなたが「最高！」と思うものであれば、その思いが波紋のように素敵に展開されていくのです。

4 「神さまOK」な値段のつけ方

商品を販売する時に、**値段をいくらにするのか**について、迷っている人がたくさんいます。

でも、これって、**はっきり言って自由**なんです。

もちろん、ニーズや相場を知っておくことは大事です。

それを踏まえながらも、「自分はどうしたいのか」を明確にしておくことがポイントです。

売り上げをどれくらいにしたいのか。

何個くらい売りたいのか。

そこから逆算して値段を決めてもいいでしょう。

そして、一番重要なのは、**あなたがその値段で、しっくりくるか**どうか。

これは、ラジオの周波数が合った時に音声がクリアに聞こえてくるのと同じで、あなたにとって「心地よくクリアに感じられる値段」というものがあります。

その値段以上だと心地悪く感じ、その値段以下でも心地悪く感じます。

心に何の引っかかりもなく、「心地いい値段！」とあなたが感じたら、それがいいでしょう。

というわけで、安いから売れるわけでも、割引きしたから売れるわけでもないのです。だから、九百九十八円とか、変に小細工しなくてもいいんです。

これ、すごく大事なポイントです。

「神さま○K」のポイントは、

1　しっくりくる値段

2　自分が欲しいと思う

3　ストーリーもしっくりくる

の三点セットをクリアすることです。

今、1の「しっくりくる値段」について説明しました。

2の「自分が欲しいと思う」については、「当たり前！」ということで省かせていただきます。

3の「ストーリーもしっくりくる」については、

①どんな夢が見られるか！

②どんなメリットがゲットできるか！

③どんな体感が得られるか！

の三点セットを買う前からお客さんに想像させることが大事です。

お客さんが、その商品やサービスを手にした後、どんなふうに楽しめるのか、どんなふうに生活が便利になるのか、素敵なイメージができるように工夫するのです。

なぜなら……たとえ同じような商品で値段が高くても、人は**ストーリー性があるほうにトキメキを感じる**からです。

同じ野菜を買うのでも、農家の方の「人柄が滲《にじ》み出る写真」があったりしたほうが、欲しくなりませんか？

大切に野菜を育てていることがわかったら、ちょっと高くても、そちらを選びたくなりませんか？

ちなみに、**神さまのＯＫサインが出たサービスや商品を扱えば、必ず繁盛《はんじょう》する**ようになっています。

5 「誰と仕事するか」で金運も変わる

仕事は、「誰とするか」がとても大事です。

はじめは、同じゴールを見ていたとしても、しばらくして、ゴールが違う状態になってくることがあります。その場合は、車の運転にたとえると、道に迷ったり、ハンドルを奪い合ったりすることになります。

そして、もちろん金運も停滞気味に。

まずは、小さなズレが生じてきたら、話し合うことが大事です。しかし、話し合っても、やたら相手が感情的になったり、敵対心をあらわにしてきたり、違う星の人並みに全く噛《か》み合わなくなってきたりしたら、**「損切り」**も考えなければなりません。

これで**運命が左右される**と言っても過言ではありません。

どちらかが相手に依存していると、揉《も》めたりすることもあるでしょう。でも、そうなった時点で、そのままではうまくいかないという証《あかし》でもあります。

波動がズレてきたという、わかりやすいサインなんですね。わかりやすく表現してくれて、ありがとう！　そして、早くわかってよかったね！

「温めないでっ！」（笑）

ちなみに、「損切り」を考えている時は、**「縁切りのご利益」がある神社仏閣にお願い**するのも、いい方法です。

有名なところで言いますと、**安井金比羅宮**《やすいこんぴらぐう》（京都市東山区）です。

お願いの仕方のコツは、**「相手の幸せを願うこと」**。

そうすれば、お互いに自立して、素敵な道に進めますよね。

縁切りにご利益のある神社仏閣では、人との縁だけでなく、病気とか、環境とか、いろいろな対象との縁切りをお願いすることができます。

そして、その際には、縁を切りたいと願っている対象の「その後の幸せ」を願うことがポイントです。

そして、そもそも、切れなくていい縁は切れませんので、ご安心を。

また、縁というものは、その時切れたように見えても、つながる時は、またつながりますしね。

ちなみに、私のオススメは、**熱田《あつた》神宮の別宮、八剣宮《はっけんぐう》**（愛知県名古屋市）。草薙《くさなぎ》の剣《つるぎ》が祀《まつ》られていて、人、モノ、状況などをサクッと整えたい時には、最高にオススメです。

たとえ時間がかかっても、切るべき時は切りましょう。

逆に切られた時は、それはそれでよかったんです。

すべては神さまの計画どおりです。

ちなみに、私は、ちょっと前に「損切り」したことがあります。

その行動を起こすキッカケとなったのは、夢からのメッセージでした。

夢の中で、その人を、バシッと「損切り」すると……ものすごく大きな大黒天が、楽しそうに私のところにやってきて、よ~く見ていると、大黒天が踊りながら増えていきました。(笑)

私は、この夢は「もう実行しなさい！」ということと、「実行することで、金運がすごくよくなる」というメッセージだと悟りました。

そして、実際にアクションを起こして「損切り」したら、心も、体も、お金も「いい感じ」になりました。


「心に引っかかっていること」を取り去ると、のどに刺さった魚の小骨が取れたように、す~っと流れがよくなります。人生はすべてリンクしているんですね。

「夢」は私に、いつもいろいろなことを教えてくれます。

6 「お金をいただいた以上！」の感動を与えるだけで

商売をする時は、

「お金をいただいた以上！」

「想像以上！」

を提供できたら、うまくいくんですね。


もちろん、無理しない程度にですよ！

「想像以上」って、なんでもいいんです。

想像以上に面白い。

想像以上に美味《おい》しい。

想像以上に素敵。

想像以上に居心地がいい。

想像以上に愛を感じる。

……etc.

そうすると、相手に感動を与えることができるので、

「また、この人から買いたい！」

「もう一度、このお店に来たい！」

「○○さんにも教えてあげなくちゃ！」


って、思ってもらえるんです。

想像以上ということは、出したお金以上のエネルギーが、お客さまに流れるわけです。

だから、その「余ったいいエネルギー」を、あなたの商売がさらにうまくいくような方向に動かしてくれるんですよね。

身近なところで言えば、お客さんのほうが、手土産《てみやげ》を持ってきてくれるようになっちゃったりする！　ということですね。

というわけで、何事も、

いい意味で「想像以上」を相手に与えることができたら、
あなたを中心として、人もお金も、うまく回るようになっていく

のです。

「はじめに」にも書きましたが、大なり小なり、「素敵な渦」をつくることができるんですね。

ここで、あなたが「想像以上」に提供できるポイントを書き出してみましょう。

想像でOKですよ！（笑）

✳ ✳ ✳ ✳ ✳

7

「たくさんの人たち」に気が回るとお金にも好かれる

前項では「想像以上」に相手に与えることで起きるミラクルについて書きました。では逆に、自分が提供する以上に相手から取ろうとしたら、どうなるでしょうか？

つまり「倍返しの法則」の逆をしたら、どうなるのかというと、**「神さま借金」が増える**ことになります。わかりやすく言うと、エネルギーの借金をすることになります。

借金って、「埋め合わせ」が必要になりますよね。一時的には、「お金が得られた」「得した」気分になりますが、それは〝まやかし〟です。

これは、昔話でも、よく教訓として描かれています。

『花咲か爺《じい》さん』に出てくる、「隣の家のいじわる爺さん」がよい例ですよね。

目の前の「ちょっとしたこと」で得しよう、なるべく取ろうとすると、大きく損をします。遺産相続で揉める人なども、ある意味そうですね。

「執着の波動」は、すべての運気を下げてしまいます。

もし仕事相手に、そのような部分が垣間《かいま》見られたら、もう次からは仕事を頼みたくないですよね？

この「なるべく取ろう」とする人の特徴として、「目の前のメリットだけに突き動かされる」ということがあります。そして、後でうまくいかないことになる。で、学ばないので、また同じことを繰り返す。

と、このようなサイクルになっております。

お金というエネルギーを「生み出す」のではなく、「吸うこと」ばっかりに目を向けているということですね。

というわけで、セコくなればなるほど、損をする！

また、ケチらなくていいところでケチると損をする！

そして、ちょっとでも懐に入れようと悪知恵を働かすと、後から倍、損をする！　とってもシンプルですね。

バレてないと思っているのは、本人だけなんです。

「自分が間に入っているし、こっそり調整すればわからないだろう……。そうだ！　バレないように、パーセンテージを操作しちゃおう！」

「うまく言って、この人の取引先を自分のものにしてしまおう！」

などなど……。

セコさが出ちゃう人は、その部分、そして相手しか見てないんです。

でも、その人はたくさんの人とつながっています。その**「たくさんの人たち」のことにまで気が回るか**が、本当にキーポイントなんです。

だって、あなたには身内、友達、お知り合いが、何人いますか？

SNSでのつながりは、何人くらいいますか？

これから、どれくらいの人とつながっていきますか？

こうやって見ていくと、結構、たくさんいませんか？

さらに、今はいわば「パンツ丸見えの時代」ですから、いい意味でも、そうでない意味でも、何かを体験すると、誰かと情報をシェアしたりしますよね!?


ちなみに、**「自分と関わる人を豊かにしていこうとする人」**が、**人にもお金にも一番好かれます。**「セコい人」は、その逆をやっているということです。

お金との関係が下手な人ほど、「お金をゲットしようとする目線」が低く、**お金との関係が素敵な人ほど、「お金をゲットする時の視点が高く、視野も広い」**のです。つまり、**お金との関係を良好に保つには、全体的なエネルギーの流れを見ること**が必要になるわけですね。

与えるものが与えられるのが、宇宙の仕組み。

そして、奪うものは、奪われます。忘れた頃に。

8

神さまと「時間泥棒」の話

お金との関係が良好な人は、自分の時間を大切にしていますし、相手の時間もやたらめったら奪ったりしません。

しかしながら、お金との関係があまりよくない人は、自分の時間の使い方があまり上手ではありませんし、人の時間もやたらめったら奪います。

たとえば、「一瞬で確認できること」を、何日も経ってから回答する人がいます。そうすると、相手に催促する時間とエネルギーを使わせることになります。

一回のメールでまとめて書けば済む内容を、こまめに分割してくる人がいます。相手に「やりとりの作業」のために、時間とエネルギーを使わせるのです。

あるいは、都合が悪くなると、「確認します！」という言葉でまとめて、しばらく時間稼ぎをする人もいます。

仕事運、そして金運を上げるためには、人の時間を奪わない人と仕事をすることです。

「時間泥棒」の特徴を、以下にまとめました。チェックしてみましょう。

もし、自分に当てはまる場合は、今からでも直していくと、今より金運がよくなります。

◆時間泥棒チェック

□基本、返事が遅い。催促しないと返事がこない

□仕事の進捗《しんちょく》状況が途中からうやむやになっていく。「あの件は？」と聞くと、言葉を濁《にご》す

□恋愛の駆け引きみたいなことを、仕事においてもする（わざと連絡を遅らせた

り、出し渋ってみたり）

□用件をたずねると、その件についての回答だけでいいのに、言い訳が多く、聞きたい返事がなかなか返ってこない。または、話の趣旨《しゅし》がズレていく

□放っておくと、納期がズレていく

□メールでやりとりしたことを忘れて、あるいは自分で調べず、同じことを聞いてくる（相手にメールを検索させて「ここで話しました！」と証拠を提示させる時間泥棒）

□ちょくちょく出先でスマホやＰＣの充電がなくなり、まわりをイライラさせる

□会って話さなくてもいい内容なのに、わざわざ呼び出す

□「これ、いらなくない!?」という細かい仕事や、やっつけ仕事をやたら増やして、忙しくしていく

このように、「時間泥棒」は、とにかく相手に時間と手間をやたらとかけさせるのが特徴です。

9 誰かの「知りたくてしょうがない」を満たす

自分にとって「不要なもの」であっても、相手にとっては「必要なこと」というのは、あるものです。

つまり**「出すほう」**と、**「受け取るほう」がうまく調和すると、自然にエネルギー交換はできる**、ということ。

最近は、もう自分には必要がなくなったモノをネット上で売り、楽しくお小遣いを得ている人も多いですが、これ、なにも「モノ」に限りません。

たとえば、あなたにとって「こんな簡単なこと、できるの当たり前でしょ」ということであっても、他の人にとっては「知りたくてしょうがないこと、ぜひ教えてほしいこと」って、結構あります。

たとえば、整理整頓《せいとん》の方法とか、魚のさばき方とか、おいしいケーキを焼くコツとか、です。

ちなみに、自分の持っている才能、モノ、場所を、それを利用したい人にマッチングさせるシェアリングサービスは、自然に優しいので、神さまも大歓迎なんです。

そして、**誰かの「知りたくてしょうがない」**に対して、**「私、それ簡単に教えられます！」と提案できた時、そこにエネルギーの交換があり、お金のやりとりが生まれる**わけですね。

そこで、今思い出したのですが、某、転職のマッチングサービスでは、働きたい人は、

「私は、こんなことができます！」

とオークションを開催することができて、企業から年収提示付きでオファーを受けることができるんですね。

これも、「出すほう」と「受け取るほう」が、すごく調和していますよね！　で、話を戻しますと、誰かの「知りたくてしょうがない」に、「私、それ簡単に教えられます」を提供することって、ある意味、**経験値のリサイクル**、みたいな感じかもしれません。

あなたの「当たり前」。
あなたが「もう飽きたこと」。
あなたが「すぐにできてしまうこと」。
このような、あなたのエネルギーは、他に回してあげましょう！

「はじめに」にも書きましたが、誰もが、自分の出せるものを出し切ると、そして与えられるものを与えていくと、そこに「エネルギー交換」が生まれるのです。

ここで、あなたがリサイクルできるエネルギーを書き出してみましょう。

✴✴✴✴✴

こうして書き出してみると、「自分はもっと自然でいいのだ！」ってことがわかってきます。

「息を吸って吐くように！」お金を生み出す循環はつくり出していけるんです。

ちなみに、あなたが好きなことって、なんで好きなんでしょう？

あなたが苦手なことって、なんで苦手なんでしょう？

好きなことは、「自分にフィット」しているから、好きなのです。

苦手なことは、「それをしていると、うまくいかないよ」というアラームであり、「それは、誰かにお金を払ってやってもらえばいいんだよ！」というサインでもあります。

本当に、私たちはシンプルにできていますね。わかりやすいものです。さらに、できないところは、人をつなぐポイントになっているんです。素敵ですよね！

そして、私たちは、みんな神さまです。

「自分は、なんの神さまか？」って……知りたいですよね！

絵描きの神さま、ヨガの神さま、ケーキづくりの神さま、手芸の神さま、英会話の神さま、ダンスの神さま、フラワーアレンジメントの神さま……。

そうです！　あなたは、

「あなたが好きなこと」の神さま

なんです！！！

なんだか、楽しくなってきたでしょ!?

10

「下に目を向ける」と、「上に行く」という話

「もっとメジャーになって豊かになりたい」

「たくさんの人に、私のことを知ってほしい」

「もっとこのサービスを世に広めたい！」

みんな「上」を目指して、上に、上にと行こうとします。

でも実は、お金の流れをジャンジャン自分に呼び込むためには、**「下」のほうに目を向けること**が大事なんです。


エキサイティングで興奮状態の時は、ワ～ッとやっているのだけれど、気がつ

くと、だいぶ遠いところまで来てしまっていて、

「あれ!? 何のために生きているんだろう……」

と、いきなり空虚感に襲われることもあります。

まるで、「帰ってきた浦島太郎」のように。

「もっともっと」はキリがないので、永遠に満たされることがないんです。

「もっともっと」を手放し、**「足《た》るを知る」ことで、自分が手にしているものを与えていく**ようにするんです。

「あなたが今まで勉強してきたこと」を、これから勉強したい人がいます。

「あなたが進んできた道」を、これから歩みたい人がいます。

先にいるあなたが、そんな彼らをナビゲートしてあげることで、まわりに仲間やファンがたくさんできます。

すると、気づいた時には彼らに支えられて自動的に「上」に到達していたりするものです。

これは、今の時代、ネットを使えば、すぐにでもできますよね。

「ちょっと前の自分」に対して教えていくイメージ！
「ちょっと前の自分」に発信していくイメージ！

これでいいんです。
あなたが楽しくて、相手も楽しければ、自動的に豊かになるようになっているんです。

エンジョイ！

11

「神さまフォロワー」の増やし方

「頑張って、無理をして、体に鞭《むち》を打って働き、自分や人に嘘《うそ》をつき、ライバルを蹴落《けお》としてまでも、上を目指していく時代」は、とっくの昔に終わっています。

もし、「そのほうが偉い！　勝ち組！」などと思い込んでいるのなら、それは**OSがかなり古い**ので、データの書き換えが必要です。

苦しくなったら、見て見ぬふりをして続けずに、見直しましょう。

うまくいかない時は、「やり方」を変えて、その方法でうまくいくかどうか、試してみればいいんです。「やり方」を変えずに頑張り続けることは、高速道路で降りるべき出口に気づかずに、そのまま通り抜けてしまっているようなものです。

たとえ「好きな道」を歩いていたとしても、ちょっと道がズレてくると、モヤモヤ感や焦《あせ》りなどといった形で、「神さまセンサー」が私たちに教えてくれます。

苦しくなってきたら、頑張るのをやめて、あたりを見回してみましょう。

そして、しばらく、ボ～ッとしていることも大事です。

「あれ!?　ここはどこ!?」って、冷静になれるからです。

また、人がラクチンにできるところを真似すると、ケガをすることがあります。

すると、「やっぱり自分はダメなんだな」って、思ってしまうかもしれません。

でも、それは単に、その人にとってのイージー・コースで、あなたにとってハード・コースなだけなんです。人によって、合う・合わないがありますから。

その人にとっては、呼吸するようにできることであっても、あなたにとってはそうではないことがあり、その逆も普通にあります。もちろん、ハイブリッド型の器用な人もいますが。（笑）

ちなみに、今の時代は、あなたらしさ、つまり、**あなたの神さまらしさを全開にさせていく**と、人やお金がどんどん、あなたのところに遊びにやってきます。

「変かも⁉」「恥ずかしいかも⁉」という部分、そして「昔、親や先生によく怒られたポイント」などが、逆に、あなたの魅力のポイントだったりします。

だって、「人と同じじゃないところ」ほど、「まわりに合わせなさい」「常識に合わせなさい」と怒られたところほど、「あなたらしさ」があふれているんです。

つまり、それが**自分コンテンツ**なんです。

自分コンテンツって、人とは違うので、印象づけることができます。なので、意外性や「変なところ」って大事だし、そもそもキャッチコピーも印象づけのために使いますよね！

同じ商品でも、どんな人がつくっているのだろうって気になるほうに、興味は移っていくでしょ！

ＫＡＮさんの歌に『愛は勝つ』がありますが、最後に変人も勝ちます！

誰も、完璧な人を求めてはいません。

「完璧ではないことを楽しむ」のが、この人生です。そして、「完璧ではないところを全開にして見せられる」と、ついつい応援やサポートをしたくなるのが、人情なんです。ですから、完璧を目指して頑張るのではなく、**中途半端な自分をも、みんなに提示し、あたかも「あなたのビジネスに、みんなも参加している」**……そんなスタイルをつくるのが面白いのではないでしょうか。

ちなみに、自分コンテンツを全開にしている人は、人の記憶にも残ります。人は、「記憶に残っている人」のことをふと思い出した時、いつでも、どこでも、ＳＮＳでアクセスします。そして、たくさんの人の記憶に残っている人にこそ、豊かさの流れはやってきます。つまり、**神さまのフォロワー数が多い**ということなんです。

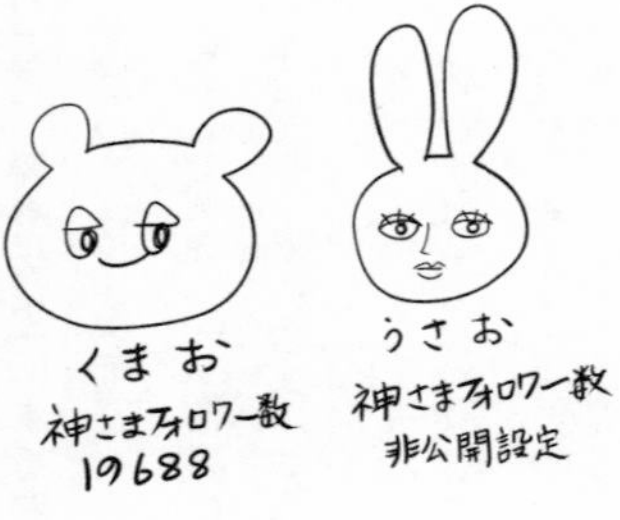

6
章

あなたが「金運神社」になる方法

……もれなく「お金の神さま」と一体になる！

1

「お金持ちのオーラ」を発散している人

お金持ちの人って、ブランドものを身につけていなくとも、ラフな格好であっても、どことなくオーラでわかりませんか？

「それって、なんでなんだろう……」と、よく観察してみたら、その秘密はズバリ、**清々《すがすが》しさ**にあったんですね。

わたしたちの中には、魂《たましい》があります。それを、神道では、**神さまの分御霊《わけみたま》**と言います。そもそも本質は、「みんな神さま」なんですね。

ですので、**わたしたちは、神さまを内蔵しているお社《やしろ》**と言っても過言ではないでしょう。

お金持ちの人は、そのお社である体を清潔にしている、つまり、大切にしているということなんですね。

自分を大切にしている人は、人からも大切にされます。

お金は「人を通して」流れてきますから、お社（自分自身）をいつでも清々しく保っていると、もれなくお金に好かれる、ということなのです。

清々しく生きていると、あなた自身が金運神社になることができるのです。

自分自身を金運神社と思って、清潔感を漂わせましょう。

「お洒落《しゃれ》をしなければいけない」とかではなく、髪の毛、お肌、手先、足先……などをシンプルにきれいにしていれば十分です。

「自分を丁寧に、大切に扱っている感じ」がポイントです。

「清々しさ」というのは、「神々《こうごう》しさ」に通じます。

いつでも「清々しい自分」を意識していれば、あなたは「お金の神さま」と化します。あなたが歩いた後ろに、「お金の花道」ができるイメージをしてみてくださいね。

あなたが人に会う時の、「心の中のＢＧＭ」が、巫女鈴《みこすず》を鳴らしている音や、神楽《かぐら》の音楽だったら楽しいでしょうね。

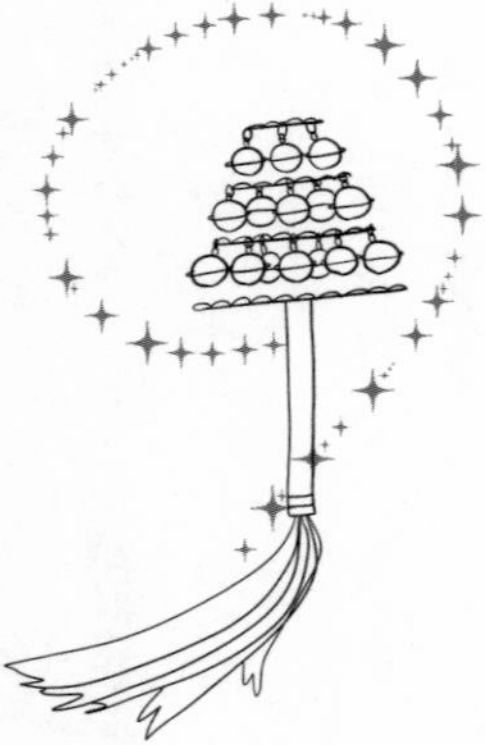

2

「先人の知恵」はありがたく拝借！

「あの人みたいになりたい！」という、素敵なお金持ちの人が身近にいたら、その人の**言動をモデリング**しましょう。

また、お金について何か悩みが出てきたら、その人に、

「こういうことで悩んでいるんだけど、そういう時はどう対応したらいい？」

と聞いてみましょう。

やっぱり、**「自分より先の道」を進んでいる人に聞くと、解決方法を見つけやすいんです。**

ポイントは、**「その道で、自分よりうまくいっている人」**に聞くことです。

お金のことなら、お金持ちの人に、
経営のことなら、経営が上手な人に、
将棋のことなら、将棋が上手な人にたずねましょう。
スポーツのことを陶芸職人に聞いても、わかりませんからね。

仕事やお金のことに関して、こちらが聞いてもいないのに、アドバイスしてくる人がいませんか？

でも、冷静に見てみると、

「あれ⁉　その人、自分よりもうまくいってないぞ⁉」

ということがあります。

そういう人が言うことは、たまに参考にできる意見があるかもしれませんが、
基本的には、たとえ身内であっても、鵜呑《うの》みにしなくて大丈夫です。

また、人は、無意識にではありますが、自分が知らないことを非難する傾向があります。

ですから、「そんなのやめておけ！」「胡散臭《うさんくさ》い」「怪《あや》しい」など、余計なことを言って、こちらの気持ちをくじこうとする可能性だってあります。

繰り返しますが、アドバイスをもらう時は、一旦、冷静になって、**「自分よりも、その分野でうまくいっている人か!?」**を振り返ってみることが大事になります。

それ、やめといた方がいいよ！
あれ？ うさおくんは この分野で、うまくいってたっけ!?

先人は、「こちらが、これからやろうとしていること」などの失敗パターンを先に経験していたりしますので、情報を教えてもらうことで、事前にプランを練りやすくなったりもします。

たとえば、
「その道には、大きな水たまりがあるから、長靴を持っていくといいよ！」
といった具合に、教えてくれたりするんです。

そうそう、旅に行く時に、その場所に旅行したことがある人に、前もって、いろいろ尋ねる感じに似ているかもしれません。

3

「オワコンの靴」は即刻、処分！

うまくいく人に共通することがあって、その一つに「靴を何年も寝かせていない」ということがあります。

値段やブランドは関係なく、彼らはいつでも「自分のお気に入りの靴」を大切に履《は》いています。

モノも、大切に扱われていると「波動」がよくなります。

そして、**靴の波動が生き生きしていると、あなたの運の流れがよくなる**んですね。

そして、これはもちろん、金運にも通じます。

靴って、あなたを「次のステージ」に連れて行ってくれるんです。

昔の靴をいつまでも履かずに持っていませんか？

箱に入れて積み重ねてしまっていて、持っていることすら忘れている靴などありませんか？

もし、そんな靴があったとしたら、高かった靴も、すごく気に入って買った、あなたにとってのシンデレラのガラスの靴も、もう**波動的には、オワコン**なのです（オワコン＝終わったコンテンツ）。

これを読んで心当たりのある人は、今すぐに下駄箱にある〝オワコンの靴〟たちを手放してください。

なお、金運に大事なポイントの「靴」をメインに書きましたが、**基本、オワコンになったものは手放すと開運**します。

4 家の中の「流すところ」はピッカピカに

「お金を気持ちよく出すと、気持ちよく入ってくる」という話を1章で書きました。

お金だけでなく、あらゆることは「気持ちよく出す」と、そこにスペースができて、素敵なものが入ってきます。

体の話に置き換えると、トイレは「出すところ」ですよね！

なので、**トイレも金運を上げるために大活用**できるんです。

トイレは、いつでも「入ると心地よい気分になれる」状態をつくっておく。すると、金運に限らず、あらゆる運が喜ばしく入ってくるようになります！

なので、トイレはいつも清潔できれいに、「居心地がいい空間」にしておくことがとても大事。

何か困ったことが起きた時にトイレを掃除していたら、その最中に解決してしまうこともよくあります！


他にも、嫌な出来事があった場合、あるいは、お金に関するマイナスな思いが出てきた時にも、トイレは活用できます。

トイレで用を足してジャ～ッと水を流すついでに、その嫌な出来事を「黒くてドロドロしたイメージ」にして、一緒にドドド～ッと流していくと、すごく波動が軽くなります。

日頃のモヤモヤした気持ちを流すようにするのも、いいですね。

このように、トイレは身体的にスッキリするだけでなく、心や運、そしてお金の巡りもよくできる場所なんですね。トイレに入る度に実践すると、どんどん波動が軽くなります。

すごい場所でしょ！

ちなみに、家の中の、キッチンやバスルーム、洗面台の排水口、玄関、換気扇など、**「出すところ」は全部、きれいにしておく**といいですよ！

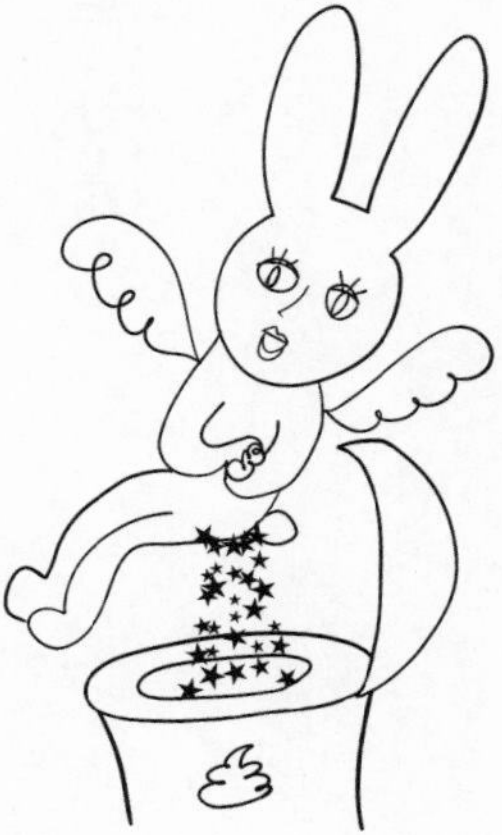

5 「銭洗弁財天」の活用法

「銭洗弁財天でお金を洗うと、何倍にもなって戻ってくる」と言われているのはご存じかと思います。

最近では、キャッシュレスの方も多いので、「銭洗弁財天では、どのようにしたらいいのでしょうか?」と聞かれたりします。わたし自身、現金はあまり使わず、スマホとクレジットカードが主なので、それらを銭洗いしています。

ちなみに、スマホはハンカチを少しぬらして、画面を拭《ふ》くといいでしょう。

先日は、**熱田神宮の清水社《しみずしゃ》**でスマホを清めてまいりました。

そこは銭洗弁財天ではないのですが、水をつかさどる神さまが祀られています。

スマホには、たくさんのデータが入っていて、「人とのつながり」が生じますので、そのあたりをきれいにしていただきました。

これ、銭洗弁財天のご加護をいただく「応用編」です。

ここだけの話、弁財天さんと仲良くなると（よくお参りに行ったり、話しかけたりしていると）、お使いの白ヘビさんが家に遊びに来たりしますよ。この間、うちのトイレに、しっとりした美しい白ヘビさんが来ていましたから。

トイレに来るというのが、またいい感じでしょ。（笑）

6 金運がよくなる魔法

金運がよくなるエネルギーワークをご紹介しましょう。

これは、「キャメチューブ」（ＹｏｕＴｕｂｅ）や、他の書籍でも結構ご紹介しているのですが、効果テキメンです。

ここでは「金運」に特化して、バージョンアップしてお届けします。

◆金運がよくなるエネルギーワーク

頭の上に、宇宙につながる透明の筒《つつ》があるのをイメージしてください。

呼吸しながら頭の上にポコっと、少しエネルギーを出すところをイメージします。すると、出した瞬間、宇宙から、透明の筒を通ってドドドドド〜〜〜〜！！！！！！　と、ものすごい勢いで、黄金の光と共に、金貨が「これでもか」というくらいにＭＡＸであなたに降り注がれます。

金貨はそのままあなたを通り越して、地球の中心に到達し、さらにそこから、また、あなたを通って宇宙へ循環していきます。

このワークですが、「そろそろＯＫかな〜!?」と思うまで、いつでも何度でもやってＯＫです。波動も軽くなる（人とお金が巡ってくる）し、グラウンディング（地球にしっかりつながって、心と体を安定させる）もできるし、金運もよくなるという最強ワークです。

さらに、一晩でできるワークといえども、瞑想《めいそう》にもなるんです。すごいでしょ！

7

宝石で「金運アップ設定」

宝石やパワーストーンを活用した金運アップの方法についても、少し触れておきましょう。

宝石に関しては、やっぱり**ゴールドは最強**です。

「金《ゴールド》」はお金を呼び込むんです。

この時、十金（K10）よりも十八金（K18）がオススメです。

ダイヤモンドはそれだけでもパワフルな石ですが、他の石のパワーも高める役割があります。他の石がメインのジュエリーであっても、できれば、組み合わせとして入っていてほしい石ですね。

宝石は、組み合わせによって、エネルギーが強くなったり、弱まったりすることがあります。ですから、左手（波動が入りやすいほうの手）にいろいろ組み合わせて乗せてみてください。すると、体が温かくなったり、まるでヒーリングを受けているような心地よい感覚になったりしますので、「あなたにぴったりな組み合わせ」が体感でわかってきます。

私のオススメの宝石は、ダイヤモンドと同じくらいのきらめきを放つ**スファレライト**です。大事な仕事の打ち合わせの時、私は必ず、自分でデザインした指輪をつけています。それは、十八金（K18）の土台に、スファレライトとダイヤモンドの石が組み合わさったもの。

この指輪をしていると、**「やりたいこと」が、一気に動き出す**のを実感しています。

ちなみに、**金運を呼び込むパワーストーンの組み合わせとしては、**

✷ルチルクォーツ（針水晶）
✷シトリン（黄水晶）
✷アンバー（琥珀《こはく》）

の三つの組み合わせが最強でしょう。

すべて黄金の輝きを放っていて、〝明るい成功のエネルギー〟に満ち満ちており、財運最強パワーの組み合わせです。

ルチルクォーツは、特に、太くて美しい金の針が入った「タイチンルチルクォーツ」がオススメです。

ちなみに水晶も一緒に組み合わせる場合は、世界最高峰のエベレストがあるヒマラヤ山脈から採掘された「ヒマラヤ水晶」がオススメです。

8

「ご神水の浄化力」は、すさまじい！

さて、私はワクワク開運のために、日本各地の神社を訪れるわけですが、そこでは**〝すさまじい浄化力〟を持つご神水《しんすい》のパワー**も存分にいただいています。

パワーストーンなども、ご神水で清めると、本当に軽い波動になってキラキラに輝きます。「少しパワーが弱ってきたかな？」と思っていた石などは、パワーが完全によみがえります（たまに、水に弱い石もあるので、それは注意してくださいね）。

あなたの「お気に入りの神社」のご神水で〝清めのパワー〟をいただくのでOKでしょう。ご神水、湧き水がないところは、お手水舎《ちょうずや》の水でもOKです。

ちなみに、私のお気に入りのご神水は、

✴**八大龍王水神《はちだいりゅうおうすいじん》**（宮崎県西臼杵郡《にしうすきぐん》高千穂町《たかちほちょう》）

✴**幣立神宮《へいたてじんぐう》**（熊本県上益城郡《かみましきぐん》山都町《やまとちょう》）

✴**鹿島《かしま》神宮**（茨城県鹿嶋市）

✴**宝登山《ほどさん》神社**（埼玉県秩父郡長瀞町《ながとろまち》）

✴**戸隠《とがくし》神社　中社《ちゅうしゃ》**（長野県長野市）

です。ご参考まで。さらに、絵を描く人は、ご神水を使って描くと、手が勝手に動いて、どんどん描けますよ！

ちなみに、**ご神水は、ぜひ、頭のてっぺんに垂らす**ことをしてみてください。「天の啓示《けいじ》」を受け取りやすくなりますので、仕事のアイディアもあなたに届きやすくなるんです。

というわけで、ここで**「クラウンチャクラ」を活性化させて金運アップさせる**

方法もご紹介しておきましょう。

チャクラとは、宇宙とのエネルギーコードがつながる部分のこと。そして、**「クラウンチャクラ」とは、頭のてっぺんにあるチャクラ**です。

「クラウンチャクラ」が活性化すると、より宇宙とつながりやすくなるんですね。で、その前段階で、**頭皮を清潔にしておくこと**って、とても大切なんです。

「何だか最近、仕事が煮詰まってきたな……」と思った場合は、ぜひとも、スカルプケアをしましょう。すごくスッキリします。

頭皮がきれいになったら、あとは簡単です。

目を閉じてゆっくり深呼吸をしながら、以下のワークをしていきましょう。

✦クラウンチャクラを活性化させて金運アップさせる方法

頭のてっぺんから、深～く息を吸ったり吐いたりしている感じを意識します。

深く、ゆっくり息を吸うと、頭のてっぺんから黄金の金貨がザクザクザク～っとあなたの体の中に入ってきて、体全体に行き渡ります。

この時に、満たされている気持ちになることがポイントです。

そして、深く、ゆっくり息を吐くと、今度は頭のてっぺんから、黄金の金貨がザクザクザク~っと出ていきます。

いつでも入ってくるし、いつでも出すことができます。

不足感のない、満足の波動を出すことができます。

心地いい気分になったら終わりでOK!


いつでも、どこでもできますし、リラックス効果もありますし、瞑想状態になり、金運もアップするという一石二鳥、一石三鳥のワークです!

思い出した時に、ちょこちょこやってみてください。

9

十二星座別！お金が増えるキッカケ

前述したとおり、わたしは「占星術研究家」でもありますので、ここで**「星座別のお金の増やし方」**についても少し触れさせていただきます。

たかが星座占いとはいえども、何かのキッカケになったら幸いでございます。

◆牡羊座《おひつじざ》

直感が鋭く、新しいもの・ことが大好きで、勇気があるあなたは、物事の言い出しっぺであり、はじめの一歩を果敢に踏み出し、パイオニア的に新しいフィールドに飛び込んで、チャンスをつかんでいきます。また、怒りをすごいパワーに変換することができます。どんなエネルギーも有効活用することを意識してみてください。

牡牛座《おうし》

五感が鋭く、職人気質で、様々なことを繰り返しながら自分のものにしていくあなたは、プロダクトを丁寧に仕上げたり、誰もが納得するようなクオリティの高いものをつくったりして、人々を感動させます。また、実際に体験することで、自分のものにしていくので、いろいろな体験・経験を積むといいでしょう。

双子座《ふたご》

好奇心旺盛《おうせい》でフットワークが軽く、新鮮で面白い知識や情報、流行が大好きなあなたは、いろいろな情報を集めてきたり、運んだり、伝えたり、教えたりして、まわりを楽しく巻き込んでいきます。意見、情報や仕事について、いつも移り気に見えがちですが、それこそが、あなたのお金を生み出す素晴らしい機能になっています。

◆蟹座《かにざ》

素敵なものをインプットする能力があり、また、「大衆が求めるもの」が感覚としてわかるので、みんなの心をつかむような商品を生み出したり、場を設《もう》けたり、企画を打ち出したりすることができます。「心が許せる場所」や「人とのつながり」がポイントになります。地域活性に役立つことや、心を許せる大好きなメンバーでビジネスをするのもいいでしょう。

◆獅子座《しし》

クリエイティブでドラマチック、さらにピュアな子供のような心を持つあなたは、表現することで富を生み出していきます。

あなた自身、あるいは、あなたが創ったり、携わったりする商品にスポットライトが当たることで、より輝いていくでしょう。とにかく、人生をどうエンジョイしていくかということがポイントになります。

◆乙女《おとめ》座

人の気がつかないことに気がつき、人の役に立つことに喜びを感じ、高い実務能力を備えているあなたは、物事の「改良ポイント」を察知し、さらに進化させていくことができます。また、人がどんなことで喜ぶかという視点で、いろいろなアイディアを生み出していくことができます。

◆天秤《てんびん》座

美的センス、社交性、情報収集力のあるあなたは、自分自身を含め、人や場所を美しくデザインしていくこと、心地よくしていくことができます。また、とにかく十二星座の中で、一番人脈に強いのが天秤座さんです。人とのつながりから、たくさんのチャンスをつかんでいくでしょう。

◆蠍《さそり》座

物事の真相を見極める力、ハマったことへのすごい集中力、内面に秘めたセクシーさを持つあなたは、「これだ！」と思ったことをとことんやってみると、そこで宝物を発見することができます。また、信頼関係の構築が、豊かさを生むキッカケとなるでしょう。

◆射手《いて》座

向上心が半端ない、視野が広い、楽観的なあなたは、細かいことにとらわれず、物事を全体的に捉《とら》えて方向性を見出したり、解決方法を編み出したりすることができます。

また、いつも自由に動き回るので、出先での出会いによって、新しいビジネスが生まれたりします。また、海外関係も得意だったりするので、その才能を仕事に大いに生かしましょう。

◆山羊座《やぎ》

いる・いらないを見極める、リーダーシップを取る、物事をまとめて形にしていくことができるあなたは、いろいろな経験を無駄にせず、点と点を線できれいにつなぐことができます。

また、みんなの意見をわかりやすくまとめたり、使うもの・使わないものを見極めて、ダイヤモンドに仕上げていくことができます。

◆水瓶座《みずがめ》

そもそも宇宙人的な面があり、博愛主義、「人は人、自分は自分」なあなたは、基本的に感覚が地球人のそれとは一味違います。面白い視点を持っているので、それがみんなの役に立ち、感謝されます。

また、「変わっているところ」が最大の魅力ですから、「あなたらしさ」をそのまま生かしていきましょう。変わった発想や、愛されキャラクター、変人ぶりが富を生みます。

◆魚座《うお》

すべてを包み込む優しさ、共感力、癒しのパワーがあるあなたは、存在するだけで愛らしい存在です。あなたの心の底から湧き上がる感情をしっかり見つめてあげましょう。そこに豊かさの泉があります。「愛が根底にあるもの」を人の心に届けることが富につながります。

つまり、ファッションでも、歌でも、スピリチュアルでもなんでも、愛が入っていればいいんです！

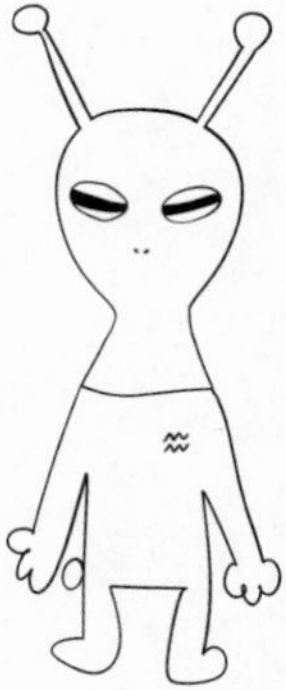

おわりに 好きに生み出しちゃえ！ 楽しく行動しちゃえ！

私たちが今生きている世の中は、**VUCA（ブーカ）の時代。**

ＶＵＣＡとは、Volatility（変動性・不安定さ）、Uncertainty（不確実性）、Complexity（複雑性）、Ambiguity（曖昧《あいまい》性）の頭文字をとったもの。

それは、すべてが不確実で、何かが新しく登場して、何かが急にいらなくなる。

すべてが曖昧で、どう変化していくかもわからない。

数年後の未来を誰もが読めない。

ベーシックインカム（すべての人に無条件でお金を定期的に支給する制度）が導入されるかもしれない。

世界の経済に、いきなりリセットがかかるかもしれない。

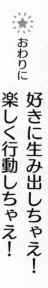

突如として地球にやさしいフリーエネルギーが登場するかもしれない。

……そんな時代です。

有名大学を出ていれば将来は安泰《あんたい》とか、この資格を取れば安心とか、この会社に就職すれば将来は約束されているとか、玉の輿《こし》に乗ればもう大丈夫とか……こういったことは、なくなりつつあるし、実際になくなるでしょう。


世の中は目まぐるしく進化し続けているので、

「昨日の常識は、今日の非常識！」

とまで言うのは少しオーバーかもしれませんが、「親世代の常識」は、確実に、私たちの時代の「非常識」となっています。

お金の稼ぎ方や使い方も、どんどん変わってきていますしね。

「大金を払って、自分のものにする」時代から、「定額制で利用できるから、自分のものにしなくてＯＫ」の時代になったり。

何かを買っても、それを「堪能《たんのう》したら売る」という流れがあったり。

私たちがやってきたことをＡＩ（人工知能）がやってくれるので、私たちは次の段階に自動的に「格上げ」になったとも言えるでしょう。

「こうすれば、こうなる！」

という鉄板の成功法則がなくなったので、

自分で創っちゃえ！
好きに生み出しちゃえ！
楽しく行動しちゃえ！

という流れが生まれています。

我々……そう、**神さまが、謳歌《おうか》していく時代**とも言えるでしょう。

やったね！

最後に、これをお伝えさせていただきます。
地球生活は、人に合わせれば、合わせるほど、苦しくなります。
自分の心に従って、楽しく生きる人ほど、まわりも幸せにすることができます。
そして、あなたが好きだと思うことこそ、「豊かさ」につながっています！
メルシー！

神さまへ、神さまより。

キャメレオン竹田

付録 切り取れる「金運大満足」曼荼羅

使い方

下のイラストを参考に、ポーズをとりながら**「金運大満足！」**と大声で唱えた後、曼荼羅の真ん中をポチッと押してください。いい波動が出てきて、あなたの金運もUP！

①
きんうん！
②
数字の「2」を描くように
だ～いまん
③
ぞく！！

本書は、本文庫のために書き下ろされたものです。

神《かみ》さまとお金《かね》とわたし

著者　キャメレオン竹田（きゃめれおん・たけだ）
発行者　押鐘太陽
発行所　株式会社三笠書房

〒102-0072 東京都千代田区飯田橋3-3-1
電話　03-5226-5734（営業部）03-5226-5731（編集部）
https://www.mikasashobo.co.jp

印刷　誠宏印刷
製本　ナショナル製本

ISBN978-4-8379-6935-8 C0130

王様文庫

王様文庫

つい、「気にしすぎ」てしまう人へ

水島広子

こころの健康クリニック院長が教える、モヤモヤをスッキリ手放すヒント。◎「他人の目」が気にならなくなるコツ　◎「相手は困っているだけ」と考える　◎「不安のメガネ」を外してみる……etc. もっと気持ちよく、しなやかに生きるための本。

いちいち気にしない心が手に入る本

内藤誼人

対人心理学のスペシャリストが教える「何があっても受け流せる」心理学。◎「マイナスの感情」をはびこらせない　◎〝胸を張る〟だけで、こんなに変わる　◎「自分だって捨てたもんじゃない」と思うコツ……etc.「心を変える」方法をマスターできる本！

気くばりがうまい人のものの言い方

山﨑武也

「ちょっとした言葉の違い」を人は敏感に感じとる。だから……　◎自分のことは「過小評価」、相手のことは「過大評価」　◎「ためになる話」に「ほっとする話」をブレンドする　◎「なるほど」と「さすが」の大きな役割　◎「ノーコメント」でさえ心の中がわかる

K30519

王様文庫

眠れないほどおもしろい「密教」の謎

並木伸一郎

弘法大師・空海の息吹が伝わる東寺・国宝「両界曼荼羅図」のカラー口絵つき！　真言、印、護摩修法、即身成仏……なぜ「神通力」が身についてしまうのか？　密教の「不可思議な世界」を堪能する本！「呪術・愛欲の力」さえ飲み込む驚異の神秘体系をわかりやすく解説！

自分のまわりに「ふしぎな奇跡」がいっぱい起こる本

越智啓子

あなたの「魂の宿題」は何ですか？　予約のとれないサイキック・ドクターが教える「奇跡が起こるしくみ」！　◎ハーバード大学でも実証ずみの「不思議な治療効果」とは？　◎「カルマの解消」とは、どういうことか　◎「世間」という〝幻の平均値〟に惑わされない

龍神に教わる！運がよくなるスペシャル授業

小野寺S一貴

龍神さまとつながれば、不思議なくらい開運できる！　◎まれびとがみ（客人神）が目の前に現われる人って？　◎「変化を楽しめる心」が運を呼び込む　◎成長するために適度な欲は必要　◎「羨ましい」と思った後の行動で人生は変わる……神様との距離を縮める方法、満載！

K30526